Universidades privadas, eficiencia y equidad en la educación superior: propuestas de mejora

COLECCIÓN EDUCACIÓN Y FAMILIA | INFORME 05

abril de 2025

Autor

Gonzalo Sanz-Magallón Rezusta

Responsable de Estudios de Educación y Familia CEU-CEFAS

CEU-CEFAS tiene como objetivo promover los principios inspiradores fundamentales de la Doctrina Social de la Iglesia en el ámbito cultural y político, a través de cursos, congresos y publicaciones. El CEU-CEFAS aspira a convertirse en un lugar de referencia y de encuentro para el debate, la reflexión, la formación, la difusión y la investigación en el ámbito de las ideas para la mejora de la sociedad.

CEU-CEFAS
Calle Tutor, 35
28008 Madrid | España
Teléfono: (+34) 91 514 05 77
cefas@ceu.es
cefas.ceu.es

Instituto CEU de Estudios de la Familia
Universidad CEU San Pablo
C/ Julián Romea, 20
28003 Madrid | España
Teléfono: (+34) 91 456 63 11
if@ceu.es
institutofamilia.ceu.es

Depósito legal: M-10002-2025
ISBN: 978-84-19976-80-2
Maquetación: CEU Ediciones
Impresión: CEU Ediciones
Impreso en España

Publica: CEU Ediciones
Calle Julián Romea, 18
28003 Madrid | España
Teléfono: (+34) 91 514 05 73
ceuediciones@ceu.es

La Fundación Universitaria San Pablo CEU es una entidad inscrita en el Registro de Fundaciones con el nº 60 /
CIF (G-28423275).

Índice

Índice de gráficos y tablas

Tablas

Gráficos

Resumen

El crecimiento de las universidades privadas y de iniciativa social en España ha sido significativo en los últimos años, consolidándose como una alternativa real a la educación pública. Este fenómeno ha estado impulsado por diversas razones, entre ellas una mejor calidad docente, una inserción laboral más favorable y una mayor eficiencia en la gestión.

Desde el punto de vista de la demanda, el acceso a las universidades privadas sigue estando condicionado por el nivel socioeconómico de las familias, debido a los elevados costes de matrícula y a la limitada oferta de becas en estos centros. Los datos muestran que los egresados de universidades privadas suelen disfrutar de mayores tasas de empleabilidad, mejores salarios y una mayor adecuación entre la formación recibida y el empleo obtenido, en comparación con los egresados de universidades públicas.

En términos de eficiencia, las universidades privadas han demostrado una mayor capacidad de adaptación a las demandas del mercado laboral, facilitando una formación más orientada a la inserción profesional. Asimismo, su independencia de la financiación pública y su enfoque en la calidad del servicio educativo han generado incentivos para mejorar la atención al alumnado y la oferta académica.

No obstante, existen desafíos en términos de equidad. La actual estructura del sistema universitario puede perpetuar e incluso ampliar las desigualdades socioeconómicas, ya que los estudiantes de familias con mayores recursos tienen más posibilidades de acceder a instituciones privadas y, por ende, a mejores oportunidades laborales. En este sentido, se plantea la posibilidad de implementar políticas públicas que favorezcan el acceso de estudiantes de bajos ingresos y alumnos excelentes a universidades privadas mediante programas de becas, algo que cuenta con un amplio respaldo social según la encuesta realizada por CEU-CEFAS en la Comunidad de Madrid. El coste de becar a 60.000 estudiantes con 9.000 euros al año supondría un gasto para la Administración regional de 540 millones de euros, cifra inferior a lo recaudado en 2023 de forma extraordinaria por el impuesto de solidaridad de grandes fortunas, por lo que financieramente resultaría viable.

Introducción

Un hecho muy significativo en el panorama universitario español ha sido el auge experimentado durante los últimos años por las universidades privadas y de iniciativa social[1]. En este contexto, CEU-CEFAS se propuso realizar una investigación que pudiera responder a las siguientes preguntas:

1. ¿Qué tipo de razones pueden explicar la expansión de las universidades privadas? Según la Teoría de la Economía de la Educación, la demanda de servicios educativos privados se puede corresponder con una demanda asociada al consumo, esto es, las familias pagan por recibir un servicio en un entorno agradable, con un carácter elitista, mejores instalaciones y una mejor oferta de actividades complementarias (ocio, deportes). Pero, a su vez, la demanda de universidades privadas puede también basarse en una demanda de inversión, si la elección se asocia con un retorno monetario positivo, al conseguirse mayores posibilidades de éxito académico y profesional.

2. Un segundo tipo de cuestiones a las que nos proponemos dar respuesta es ¿qué consecuencias tiene la configuración del actual sistema universitario, y, en especial, la contribución de los centros privados, sobre los objetivos principales de toda política educativa, eficiencia y equidad? ¿Cabe plantear cambios que permitan mejorar estos objetivos? ¿Qué opinión tiene la población de la Comunidad de Madrid sobre la posibilidad de que la Administración dedique recursos para abaratar y facilitar un mayor acceso a las universidades privadas?

Para dar respuesta a las anteriores cuestiones se ha revisado la literatura existente, se han explotado con técnicas econométricas distintas estadísticas del Ministerio de Universidades y del INE, y finalmente se ha realizado una encuesta a una muestra representativa de la población mayor de 18 años de la Comunidad de Madrid.

---

[1] En el presente estudio se denominarán universidades privadas tanto a las que tienen ánimo de lucro, como a la pertenecientes a fundaciones y a la Iglesia. Las estadísticas españolas engloban a ambas dentro del mismo grupo, por lo que no permiten diferenciar entre unas y otras.

El auge de las universidades privadas y de iniciativa social

1.1. Evolución de la cuota según regiones y ramas del conocimiento

Desde hace varias décadas, las universidades privadas están experimentado una importante expansión a nivel global, hasta alcanzar en los últimos años una participación superior al 30% del total de estudiantes, según la UNESCO. Si bien las claves del éxito varían según el contexto económico, social y político de cada país, la literatura muestra que estas instituciones en general responden mejor a las demandas de la economía y tienden a ser más eficientes (Shah et al. 2013). Por ejemplo, en el caso del Reino Unido, el Gobierno ha reconocido que las instituciones privadas de educación superior con fines de lucro suelen operar de manera más eficiente y esforzarse más por mejorar la experiencia del estudiante (Hussain y Khawaja 2021).

En el caso de España, las universidades privadas y de iniciativa social han experimentado igualmente un muy notable auge en los últimos años, hasta alcanzar 205.251 estudiantes presenciales en el curso 2023-2024, lo que supone un aumento de unos 122.500 en comparación con doce años atrás (ver Tabla 11 del Anexo), y se corresponde con un incremento porcentual del 148%. Este crecimiento es muy superior al mantenido por las universidades públicas durante el mismo período, cuya variación porcentual fue del 63%.

En consecuencia, la cuota correspondiente a las universidades privadas fue del 17,7% del total en el curso 2023/24, frente al 12,4% doce años antes. Esta tendencia se ha producido, además, en un contexto en el que los precios relativos en comparación con las universidades públicas se han incrementado notablemente[2].

---

2   Según datos del Ministerio de Ciencia, Innovación y Universidades en el curso 2023-2024 el precio medio del crédito en las titulaciones de Grado era de 15,5 euros, cantidad que supone respecto a diez años antes una disminución del 24,9%. Teniendo en cuenta que la inflación acumulada en España durante ese período fue del 29,6%, el precio de las universidades públicas en términos reales se redujo en más de un 50%. Según la OCDE (2024), la reducción de precios fue del 50% entre 2012 y 2022, lo que supone el mayor descenso de entre todos los países de la OCDE tras Alemania (-60%). En el caso de los centros privados, DBK (2014) estimó un coste medio por alumno en 2013 de 6.416 euros, mientras que en 2022 la cantidad equivalente fue de 9.036 euros, lo que supone un incremento del 40,8%.

Por comunidades autónomas, el desarrollo de los centros privados ha sido generalizado: en todas las regiones en las que tienen presencia se registró un significativo ascenso de su participación sobre el total de estudiantes presenciales, con la única excepción de Navarra (Panel gráfico 1). A su vez, en todas las ramas de conocimiento se ha incrementado la cuota correspondiente a los centros privados.

Gráfico 1. Evolución de la cuota correspondiente a las universidades privadas según comunidad autónoma y tipo de estudios

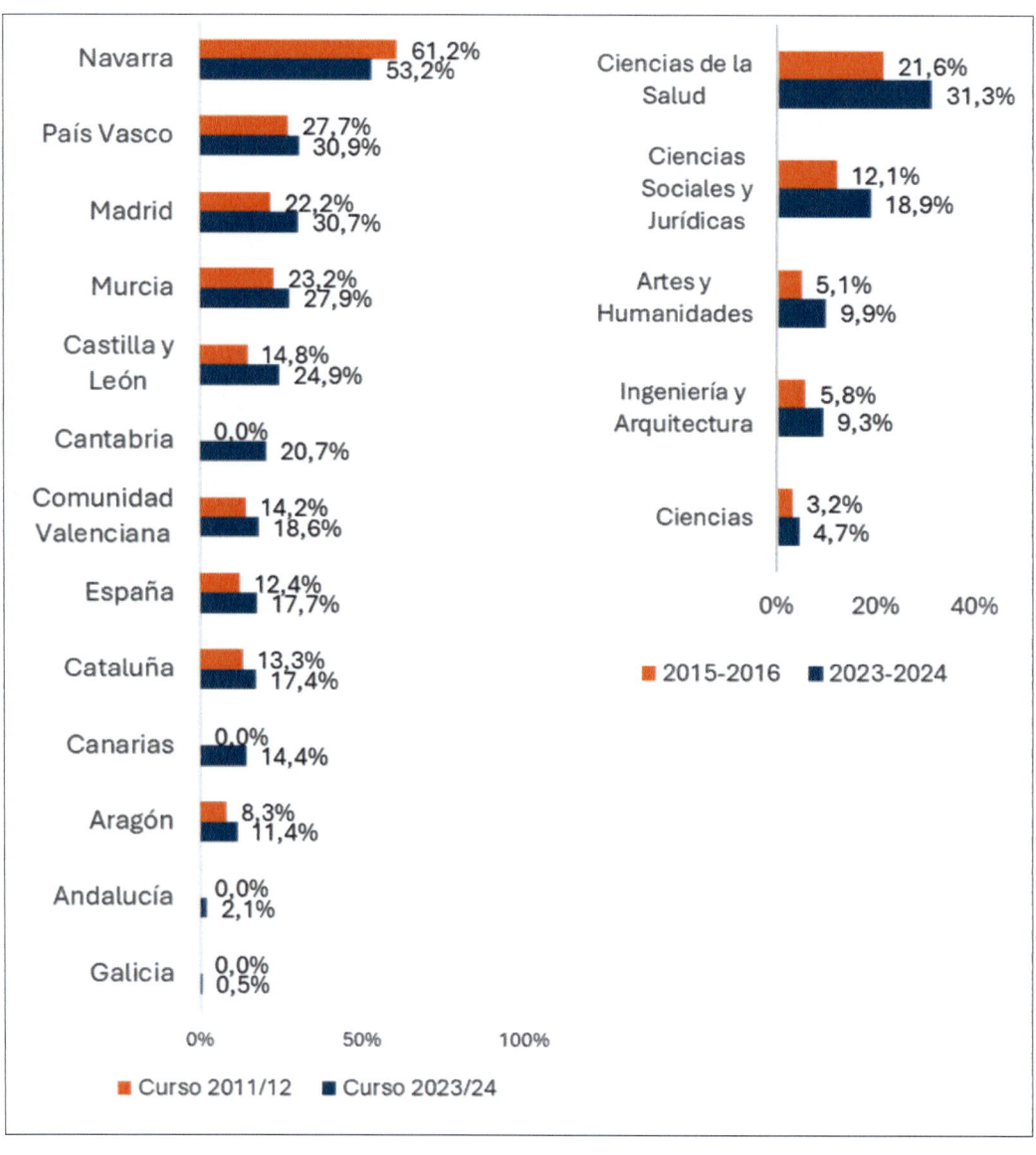

Nota: No se han incluido las comunidades autónomas de Asturias, Baleares, Castilla -Mancha, Extremadura y La Rioja, ya que en ambos cursos la participación es nula.

Fuente: Ministerio de Universidades, Sistema Integrado de Información Universitaria (SIIU)

Una primera consecuencia del auge de las universidades privadas es que, dado que las universidades públicas reciben subvenciones equivalentes al 85% de sus costes, su expansión ha propiciado un notable ahorro a las administraciones públicas, que puede estimarse entre 1.600 y 2.000 millones de euros al año[3]. Por otra parte, la formación impartida por los centros privados permite aumentar las rentas de los egresados, que se traducen en superiores ingresos fiscales para las distintas administraciones públicas a lo largo de toda la vida laboral. Resulta, por tanto, evidente que la rentabilidad social, entendida como los beneficios sociales menos los costos para la administración, que generan estos centros es extraordinaria, lo que justificaría un apoyo expreso a estas instituciones desde las Administraciones públicas.

1.2. La demanda de universidades privadas en España

La ausencia de subvenciones públicas confiere a las universidades privadas españolas un cierto carácter elitista. Según los estudios existentes, el precio anual por estudiante de la mayoría de las universidades privadas oscila entre 5.000 y 25.000 euros, dependiendo del tipo de estudios y el centro. A partir de la estimación realizada por DBK (2023), en el curso 2022-2023 el coste en promedio de la matrícula ascendió a 9.036 euros. Dado el nivel de rentas de los hogares españoles, la ausencia de una cultura de contraer préstamos para pagar los estudios y los recursos limitados para conceder becas o ayudas al estudio por parte de las universidades privadas, el acceso a estos centros está en gran medida reservado en España a las familias con niveles de ingresos y activos patrimoniales elevados.

A través de los microdatos de la Encuesta de Presupuestos Familiares del INE podemos conocer los rasgos de los hogares españoles que destinan gastos a la enseñanza universitaria, lo que ha permitido identificar los porcentajes de hogares que, teniendo al menos un miembro de la unidad familiar entre 16 y 24 años, destinan 5.000 euros o más a los estudios universitarios. Tomando los datos de 2023, el porcentaje de hogares que afronta un gasto de más de 5.000 euros en universidades es nulo cuando el nivel de renta mensual es inferior a 1.500 euros, y se eleva de forma progresiva hasta alcanzar el 18% entre los hogares con rentas de 7.000 o más euros, según se muestra en la Tabla 12 del Anexo.

Según la Encuesta de Inserción Laboral de los Titulados Universitarios (INE), la cuota de centros privados entre los hijos de padre universitario se sitúa en torno al 19%, frente al 10% en los casos de estudiantes con padres con menor nivel educativo (Gráfico 2).

---

3   El coste anual por alumno de las universidades públicas según algunos estudios se sitúa entre 8.000 y 10.000 euros.

Gráfico 2. Cuota correspondiente a las universidades privadas según el nivel de estudios del padre del estudiante

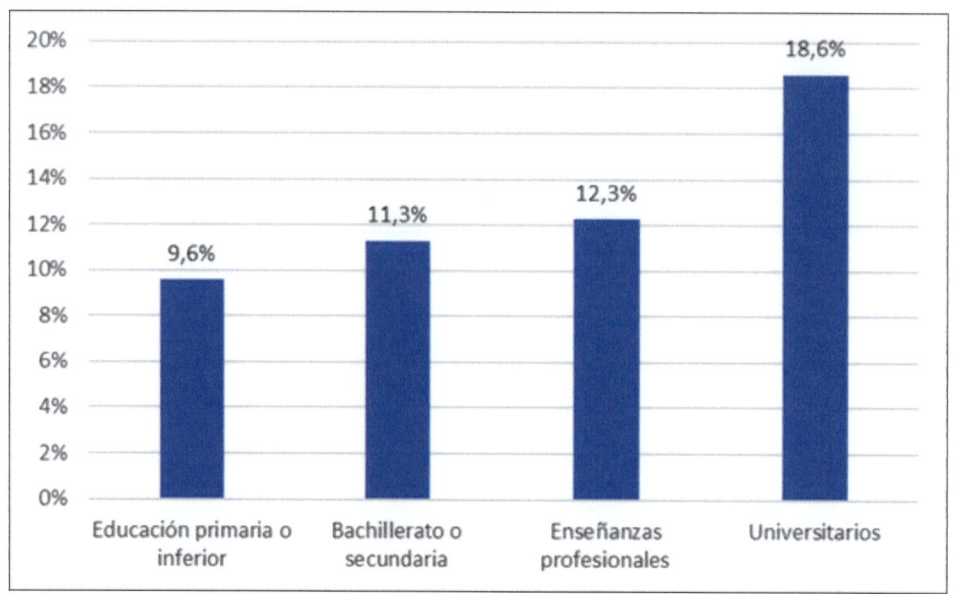

Fuente: Elaboración propia con datos INE, Encuesta inserción laboral de titulados universitarios (2020)

Junto al nivel económico, la orientación ideológica determina en gran medida el interés por las universidades privadas en España. Según la Encuesta realizada por CEU-CEFAS que se describe en el apartado 4, entre las personas con estudios universitarios en la Comunidad de Madrid, la cuota correspondiente a los centros privados es de más del triple en el caso de personas con ideología de centro o de derechas, en comparación con las personas que se declararon de izquierdas (ver Tabla 18 del Anexo).

Diferencias en el desempeño docente en comparación con las universidades públicas

Algunas investigaciones aportan posibles explicaciones del auge de las universidades privadas en España en los últimos años, relacionadas con una mejor inserción laboral y calidad docente. Así, en primer lugar, Jiménez-García (2020) concluye que «las universidades privadas ofrecen mejores condiciones para acceder a un empleo de calidad». Por su parte, la Fundación BBVA (2023), a partir de un estudio en el que participaron 3.430 estudiantes universitarios españoles, muestra una satisfacción superior de los estudiantes de los centros privados, identificándose las mayores diferencias en aspectos como la facilidad de contacto con los profesores, la formación práctica y la atención personal.

Gráfico 3. Satisfacción declarada por los estudiantes según tipo de universidad

¿En qué medida te parece que son adecuadas los siguientes aspectos de los estudios que estás realizando?

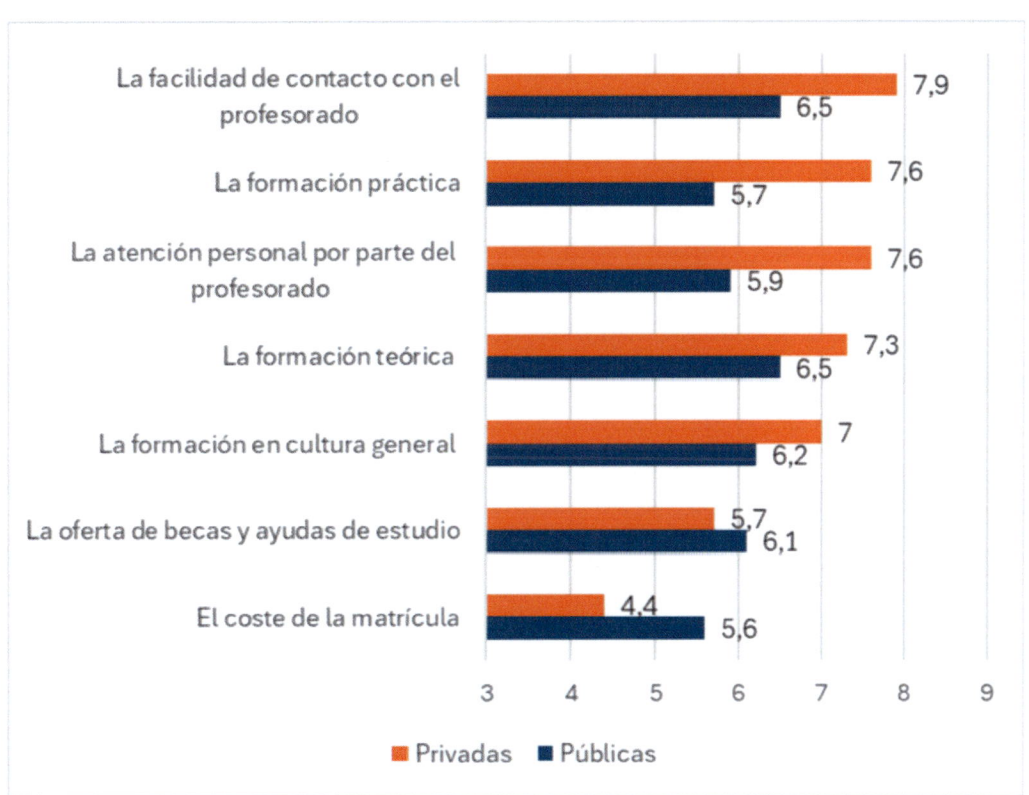

Los valores son promedios en una escala de 0 a 10, donde 0 significa que es completamente inadecuado y 10 que es completamente adecuado.

Fuente: FBBVA (2023)

Al comparar los indicadores de resultados académicos podemos comprobar que todas las dimensiones evaluadas son claramente más favorables en centros privados. Así, a pesar de que, por término medio, los estudiantes se matriculan anualmente en los centros privados de un número de créditos un 4,8% inferior, el número de créditos aprobados cada año es un 6,3% superior (ver Tabla 1). Este rasgo es común al conjunto de ramas de conocimiento.

Tabla 1. Número medio de créditos matriculados y créditos aprobados según tipo de universidad y rama del conocimiento de la titulación

		Total	C. Sociales y Jurídicas	Ingeniería y Arquitectura	Artes y Humanidades	Ciencias de la salud	Ciencias
Créditos matriculados	Total	51,9	52,4	50,8	47,3	54	52,6
	U. Públicas	52,4	53,1	51,5	47,8	54,2	52,5
	U. Privadas	49,9	49,6	44,5	43,2	53,5	54,7
	Privada / pública	-4,8%	-6,6%	-13,6%	-9,6%	-1,3%	4,2%
Créditos aprobados	Total	41,8	43,7	34,6	37,6	46,8	39,3
	U. Públicas	41,3	43,4	34,6	37,6	46,7	39,1
	U. Privadas	43,9	44,6	35,3	37,9	46,9	44,3
	Privada / pública	6,3%	2,8%	2,0%	0,8%	0,4%	13,3%

Fuente: Ministerio de Universidades (2023)

Respecto a la tasa de idoneidad[4], las universidades privadas superan a las públicas en un 28,9%. Por ramas de conocimiento, la diferencia superior se observa en ingenierías y arquitectura (124,3%), mientras que, a modo de excepción, en los estudios de ciencias de la salud los centros públicos tienen un desempeño más favorable (Tabla 2).

---

4 Porcentaje de alumnado de la edad considerada que se encuentra matriculado en el curso o los cursos que teóricamente se cursa o cursan respectivamente a esa edad.

Tabla 2. Tasa de idoneidad según tipo de universidad y rama del conocimiento de la titulación

	Total	C. Sociales y Jurídicas	Ingeniería y Arquitectura	Artes y Humanidades	Ciencias de la salud	Ciencias
Total	40	43,7	18,4	34,9	61	34,7
U. Públicas	38,8	42,9	17,3	34,5	62,8	34,4
U. Privadas	50	49,5	38,8	41	55,5	42,3
Privada / pública	28,9%	15,4%	124,3%	18,8%	-11,6%	23,0%

Fuente: Ministerio de Universidades (2023)

Nota: cohorte de nuevo ingreso 2016-2018. Porcentaje de alumnado de la edad considerada que se encuentra matriculado en el curso o los cursos que teóricamente se cursa o cursan respectivamente a esa edad.

Finalmente, la tasa de graduación[5] de las universidades privadas es en promedio más de 10 puntos porcentuales superior: 62,5% frente a 51,7% (Tabla 3). En los grados de ingeniería y arquitectura se registra la mayor diferencia y de nuevo se mantiene la excepcionalidad en los estudios de ciencias de la salud, en los que las universidades públicas superan ligeramente a las privadas.

Tabla 3. Tasa de graduación según tipo de universidad y rama del conocimiento de la titulación

	Total	C. Sociales y Jurídicas	Ingeniería y Arquitectura	Artes y Humanidades	Ciencias de la salud	Ciencias
Total	52,8	56,2	33,5	47,8	70,2	50
U. Públicas	51,7	55,5	32,7	47,4	71	49,7
U. Privadas	62,5	61,9	51,3	54,7	67,5	57,9
Privada / pública	20,9%	11,5%	56,9%	15,4%	-4,9%	16,5%

Fuente: Ministerio de Universidades (2023). La tasa de graduación es el porcentaje de los alumnos universitarios de primer ingreso que finalizan su programa de estudios en un plazo equivalente al 150 por ciento de la duración publicada del programa

---

5   Porcentaje de los alumnos universitarios de primer ingreso que finalizan su programa de estudios en un plazo equivalente al 150 por ciento de la duración publicada del programa

Los factores que podrían explicar el peor desempeño de los centros públicos en cuanto al rendimiento académico son la falta de calidad institucional y de autonomía de las universidades públicas españolas (ver apartado 3.2), los incentivos del personal docente, al estar muy centrados en los resultados de la actividad investigadora, y la mayor atención al estudiante y énfasis por la calidad de la docencia de los centros privados (Fundación BBVA 2024, Sanz-Magallón et al. 2009, Círculo de Empresarios 2007).

Diferencias en la inserción laboral

En este apartado se compararán los indicadores disponibles sobre la inserción laboral de los egresados, referidos al nivel salarial, las tasas de empleo, desempleo y la adecuación entre los estudios cursados y la formación requerida en el trabajo.

3.1. Nivel salarial de los egresados: influencia de la titulación, el nivel educativo de los padres y el tipo de universidad

El salario bruto promedio mensual de los egresados de las universidades públicas españolas a los tres años de finalizar sus estudios fue de 1.673 euros/mes según la última Encuesta de Inserción Laboral de Titulados Universitario (EILTU)[6], si bien se observan importantes diferencias dependiendo de los estudios cursados, el sexo, el nivel educativo de los padres, y el tipo de universidad en el que se han cursado los estudios.

Así, los egresados en la rama de estudios de ingeniería y arquitectura de centros públicos percibieron los mayores salarios, situándose en 1.872 euros, frente a 1.487 euros en el caso de los egresados de estudios de artes y humanidades (Gráfico 4). Igualmente significativa es la diferencia entre varones y mujeres: los primeros superan en 177,7 euros a las mujeres, hasta alcanzar 1.771 euros. A su vez, los egresados cuyos padres cursaron estudios universitarios ganan 1.819 euros, 194 euros más en comparación con los que egresados cuyos progenitores no cursaron estudios universitarios.

En el caso de las universidades privadas y de iniciativa social, el salario promedio fue de 1.833 euros, 160 euros más que en las públicas, lo que en términos porcentuales supone un incremento del 9,6%. La diferencia asociada a las universidades privadas se eleva hasta los 225 euros entre los egresados que cursaron estudios de artes y humanidades y ciencias sociales, mientras que el salario en los estudios de ciencias de la salud es 8 euros inferior. Las diferencias son igualmente superiores al promedio entre los varones (+176 euros) y entre los egresados cuyos padres no cursaron estudios universitarios.

---

6   Cálculos propios a partir de los valores aportados en la EILTU en forma de intervalos, y tomando la cantidad central de cada intervalo. Para el intervalo «menos de 700 euros» se han atribuido 600 euros, y para «más de 3.000 euros» se asignaron 3.250 euros.

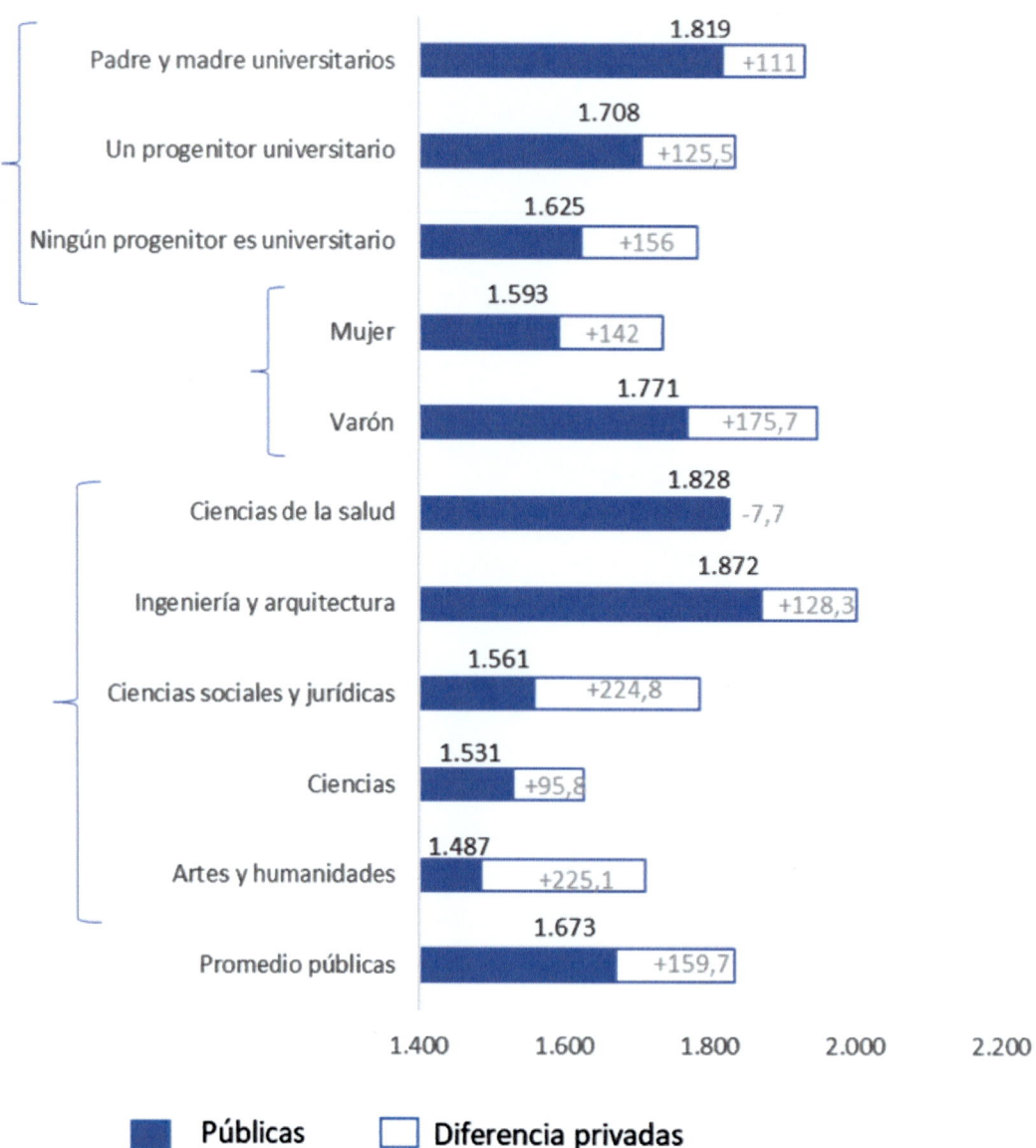

Estas comparaciones de carácter descriptivo podrían dar lugar a conclusiones erróneas si no se controla la influencia simultánea que pueden ejercer distintas variables sobre el salario. Así, se comprueba que los estudiantes con padres universitarios tienden a cursar estudios mejor remunerados (ver Tabla 4)[7]. Entre los universitarios procedentes de familias con niveles educativos inferiores, únicamente el 15% del total cursaron estudios de ciencias de la salud, mientras que esta opción la eligieron el 21% de los egresados cuyos padres tenían títulos universitarios. En consecuencia, el tipo de estudios cursados explica en parte la diferencia salarial que se observa en las variables demográficas y socioeconómicas.

---

7   El valor Chi-cuadro permite establecer una asociación significativa al 1%.

Tabla 4. Relación entre nivel educativo de los padres y rama de conocimiento de los estudios cursados

Progenitores que cursaron estudios universitarios		Artes y humanidades	Ciencias	Ciencias sociales y jurídicas	Ingeniería y arquitectura	Ciencias de la salud	
Ninguno	N	5.285	4308	43.893	21.949	13.764	89.199
	% horizontal	5,9%	4,8%	49,2%	24,60%	15,4%	100%
El padre o la madre	N	2.090	1877	15.033	9.105	5.761	33.866
	% horizontal	6,2%	5,5%	44,4%	26,90%	17,0%	100%
Ambos	N	1.722	1957	15.087	9.065	7.211	35.042
	% horizontal	4,9%	5,6%	43,1%	25,90%	20,6%	100%
Total	N	9.097	8142	74.013	40.119	26.736	15.8107
	% horizontal	5,8%	5,1%	46,8%	25,40%	16,9%	100%

Fuente: Encuesta inserción laboral de universitarios, INE

Para obtener estimaciones de los efectos que tiene una determinada característica sobre el salario obtenido, controlando la influencia del resto de variables, se ha procedido a estimar una ecuación (Heckman et al. 2006) en la quel la variable dependiente es el salario y como variables independientes se utilizaron el tipo de estudios, sexo, nivel educativo de los padres y tipo de universidad, según la siguiente fórmula simplificada (se han agrupado las viables *dummy* dentro de cada categoría):

$$W_i = \beta_0 + \beta_1 Sexo_i + \beta_2 EduPadres_i + \beta_3 TipoEstudios_i + \beta_4 TipoUniversidad_i + \varepsilon_i$$

Donde:

- W_i es el salario del individuo i.
- $Sexo_i$ es una variable *dummy* que indica si el individuo es hombre.
- $EduPadres_i$ representa el nivel educativo de los padres, codificada con *dummy* (si los dos progenitores son univcrsitarios).
- $TipoEstudios_i$ es una *dummy* para el tipo de estudios cursados (ciencias, ciencias sociales, artes y humanidades, ingeniería y arquitectura y ciencias de la salud).
- $TipoUniversidad_i$ es una *dummy* que indica si el individuo estudió en una universidad privada.
- ε_i es el término de error, que recoge efectos no observados.
- El valor de β en cada variable *dummy* nos indica el efecto de esa variable sobre el salario.

La Tabla 5 muestra los valores de β obtenidos, que podemos considerar buenos estimadores dado el elevado nivel de significatividad de las variables (inferior al 1%) y la ausencia de colinealidad (según los niveles de tolerancia y valores de VIF). En general se mantienen las diferencias observadas a nivel descriptivo, asociándose una prima a los varones de 178 euros, otra por estudiar en universidad privada de 148 euros, y otra de 172 euros que corresponde a los egresados cuyos progenitores han finalizado estudios universitarios.

Tabla 5. Estimaciones del efecto sobre los salarios según ecuación estimada

	Coeficientes no estandarizados		Estadístico t
	B	Desv. Error	
(Constante)	1592,543	3,683	432,371
Artes	-333,308	6,455	-51,64
Ciencias	-255,5	7,068	-36,149
Sociales	-198,991	3,995	-49,81
Ingeniería	138,121	4,73	29,199
Varón	178,368	3,036	58,747
Privada	148,027	4,024	36,788
Padres universitarios	172,714	3,57	48,386

Fuente: elaboración propia

Dado que a nivel descriptivo se observó heterogeneidad en la influencia del tipo de universidad según los estudios cursados, se han estimado cinco ecuaciones similares a la anterior, una para cada rama de conocimiento. Los resultados, que se muestran en la Tabla 17 del Anexo, no difieren en gran medida de los valores obtenidos en el análisis descriptivo: los mayores coeficientes β correspondiente a la universidad privada se registran en estudios de artes y humanidades (+233 euros) y ciencias sociales (+214 euros), seguidos de ingeniería y arquitectura (+126 euros) y ciencias (+99 euros), y se mantiene el valor ligeramente negativo en ciencias de la salud (-34 euros).

3.2. Tasa de empleo, desempleo y adecuación de los estudios

La EILTU aporta información de interés sobre características de la inserción laboral más allá del salario: situación laboral, tiempo en encontrar el primer empleo, adecuación empleo/estudios y satisfacción global con sus estudios. Estudios realizados en el pasado han mostrado un efecto positivo asociado a las universidades privadas en materia de inserción laboral, y concretamente en aspectos como tener un contrato indefinido, nivel salarial y adecuación de la formación recibida respecto a la requerida, a partir de los datos de egresados del curso 2009/2010 (Baquero y Ruesga 2019).

Nuestro análisis referido al último dato disponible (2020) muestra que la superioridad de las universidades privadas se cumple para todos los indicadores y todas las ramas de conocimiento, con tan sólo dos excepciones: en ciencias, en cuanto a la adecuación de los estudios al empleo, y en artes y humanidades, en materia de satisfacción con los estudios (Tabla 6).

A nivel global, en las universidades privadas el porcentaje de egresados que están empleados y que encontraron empleo antes de tres meses supera al de las públicas en un 6,2% y en un 30,3%, respectivamente. En materia de adecuación de los estudios al empleo actual la diferencia es de un 10,6%, y la satisfacción con los estudios es un 14% superior en los centros privados. Se ha calculado un indicador sintético que hemos denominado «condiciones globales» y recoge las diferencias de los cuatro indicadores en promedio para cada rama de conocimiento. El valor superior se observa en los estudios de ciencias sociales (+16,4%) y el menor en ingeniería y arquitectura (+6,3%).

Tabla 6. Indicadores de inserción laboral. Comparativa según tipo de universidad y rama de conocimiento

Rama	% egresados que están empleados			% egresados que encontraron empleo antes de 3 meses			Adecuación empleo/estudios (a)		
	Públicas	Privadas	Privadas/ públicas	Públicas	Privadas	Privadas/ públicas	Públicas	Privadas	Privadas/ públicas
Artes y humanidades	75,4	85,4	13,3%	37,4	37,8	1,0%	73,5	86,7	18,0%
Ciencias	83,5	90,8	8,7%	28,5	34,8	22,0%	73,2	70,4	-3,8%
Ciencias sociales y jurídicas	82,1	88,1	7,3%	46,4	60,0	29,3%	76,5	83,9	9,7%
Ingeniería y arquitectura	92,1	93,9	2,0%	55,0	62,3	13,3%	80,4	84,3	4,9%
Ciencias de la salud	91,1	93,6	2,7%	42,9	60,0	39,9%	91,1	90,8	-0,3%
Total	85,1	90,4	6,2%	45,9	59,8	30,3%	76,1	84,2	10,6%

Rama	Satisfacción con sus estudios (b)			Condiciones globales (c)
	Públicas	Privadas	Privadas/	Privadas/p
Artes y humanidades	61,7	59,3	-3,9%	7,1%
Ciencias	56,4	61,7	9,4%	9,1%
Ciencias sociales y jurídicas	57,5	68,6	19,3%	16,4%
Ingeniería y arquitectura	59,3	62,4	5,2%	6,3%
Ciencias de la salud	73,0	76,1	4,2%	11,7%
Total	60,5	69	14,0%	15,3%

(a) Porcentaje de egresados que declararon que «se hace uso en el trabajo actual de los conocimientos y habilidades adquiridos en estos estudios»; (b) Porcentaje de egresados que declararon que «si tuviese que empezar volvería a estudiar la misma titulación»; (c) Promedio calculado a partir de las diferencias existentes entre las universidades públicas y privadas para los indicadores analizados.

Fuente: elaboración propia a partir de INE, Encuesta de Inserción Laboral de Universitarios

Estos datos son coherentes con la información proporcionada por los estudiantes de los centros públicos en la EILTU que declaran[8] en mayor medida -en comparación con los privados- carencias en la formación universitaria recibida, lo que dificulta encontrar un empleo (Ver la Tabla 13 del Anexo). Pérez García (2018) señala como posibles factores explicativos de la superioridad de las universidades privadas en la inserción profesional su mayor flexibilidad para adecuar los títulos hacia aquellos más demandados, mayor utilización

---

8   Diferencia estadísticamente significativa a un 1%.

de las redes de *alumni* y mayor capacidad para realizar una gestión más personalizada de la inserción. También se apunta la posibilidad de que el mayor nivel socioeconómico de sus estudiantes les proporcione mayores redes de contactos y capital relacional.

Para conocer la relación entre el origen socioeconómico, el tipo de universidad, y los indicadores de inserción profesional, se han calculado los indicadores diferenciando a los egresados según el nivel de estudios de los padres. Los resultados que se muestran en la Tabla 7 permiten concluir que la mejor inserción profesional asociada a las universidades privadas es independiente del nivel educativo de los padres los egresados.

Tabla 7. Indicadores de inserción profesional de universitarios según nivel educativo de los padres

Estudios padres	% egresados empleados			% egresados que encontraron empleo			Adecuación empleo /estudios			Satisfacción con sus estudios		
	Públicas	Privadas	Privadas/ públicas	Públicas	Privadas	Privadas/ públicas	Públicas	Privadas	Privadas/ públicas	Públicas	Privadas	Privadas/ públicas
Ninguno es universitario	85	90,3	6,2%	49	64,7	32,0%	74,2	82,8	11,6%	71,0	77,6	9,3%
El padre o la madre	84,9	90,9	7,1%	41,1	55,5	35,0%	77,2	85,3	10,5%	70,4	74,7	6,1%
Ambos universitarios	86,2	90,5	5,0%	40,8	55,8	36,8%	78,7	85,3	8,4%	71,3	77,1	8,1%

Fuente: elaboración propia a partir de INE, Encuesta de Inserción Laboral de Universitarios

Estimación de la rentabilidad privada y social de las universidades privadas

Rentabilidad privada

Finalizar estudios universitarios en España permite acceder a empleos en España con un salario mensual superior en promedio en torno a 620 euros durante los primeros años de experiencia laboral[9]. No obstante, la progresión salarial es mayor entre los trabajadores con estudios universitarios, lo que genera una diferencia en los últimos años de la vida laboral en torno a 1.000 euros. A lo largo de toda la vida laboral la diferencia salarial es de unos 424.000 euros, lo que supone en promedio anual una mejora de unos 10.600 euros. Utilizando una tasa de descuento del 2%, la OCDE (2024) estima una cantidad de 303.700 Dólares para los varones y 316.900 para las mujeres, lo que sitúa la recompensa por finalizar estudios universitarios en España en un nivel un 12% inferior al promedio tanto de la OCDE como de la UE.

---

9   Este planteamiento implica aceptar la teoría del capital humano, que asocia una mayor productividad a los universitarios sustentada en la capacitación recibida y no en sus mayores habilidades innatas.

Gráfico 5. Nivel salarial según años de experiencia laboral: comparativa entre trabajadores con estudios universitarios y el resto

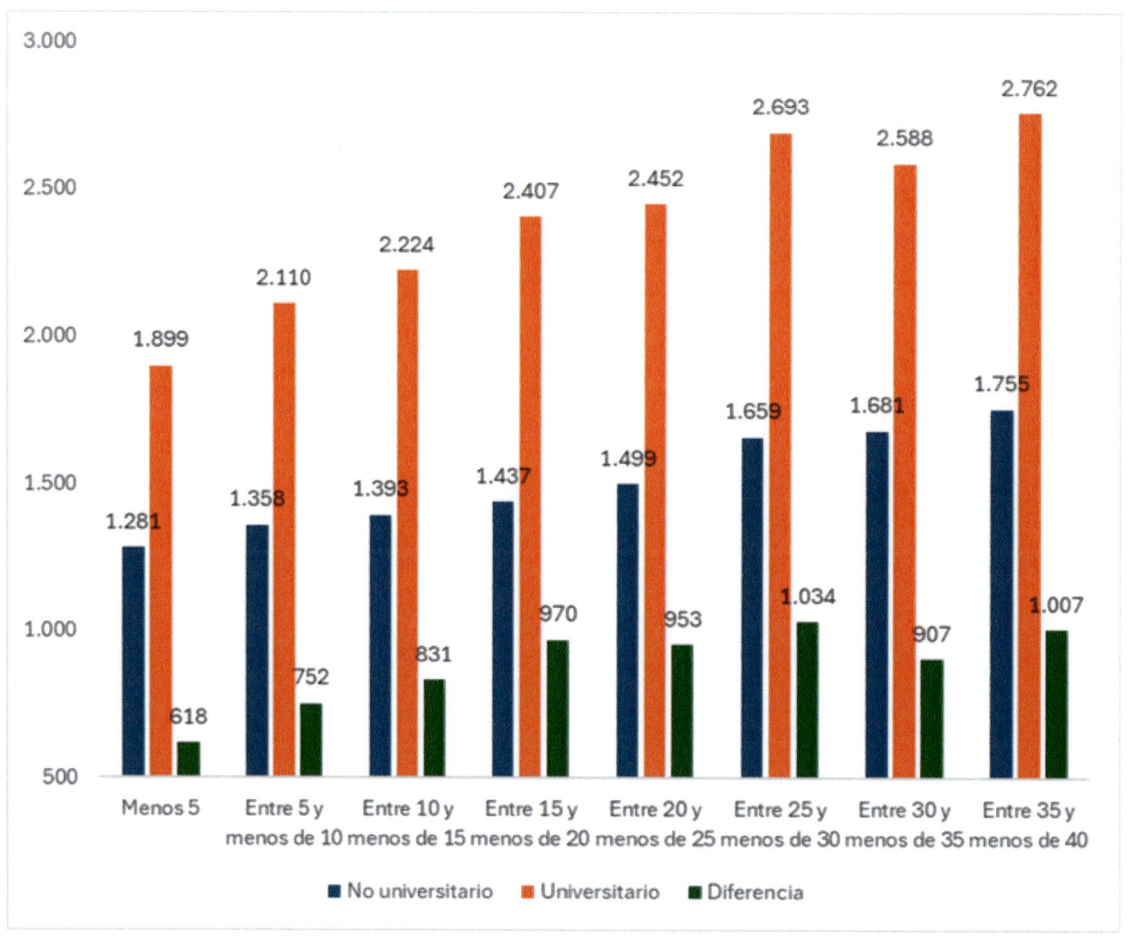

Fuente: Encuesta Estructura Salarial (INE). Datos referidos a 2018 incluyendo únicamente contratos a jornada completa

A partir de la información sobre tasas de graduación, tiempo para encontrar el primer empleo y diferencias salariales según nivel de estudios y tipo de universidad, es posible estimar de forma ajustada el retorno monetario de los estudiantes que opten por una universidad privada, bajo ciertos supuestos[10].

En primer lugar, la superior tasa de graduación de las universidades privadas (62,5% frente al 51,7%) y la consiguiente mayor probabilidad de finalizar los estudios universitarios si se opta por este tipo de centros, se asocia con un beneficio monetario de unos 45.800 euros a lo largo de la vida laboral. En segundo lugar, el menor tiempo transcurrido hasta que se encuentra un empleo en las universidades privadas aporta una ventaja de unos 4.500 euros. Y en tercer lugar, el mayor salario a lo largo de la vida laboral[11] implica un beneficio de unos 73.000 euros.

---

10 Suponemos que las diferencias salariales entre universidades públicas y privadas y de iniciativa social se mantienen a lo largo de toda la vida laboral y que la probabilidad de estar empleado no se ve influida por el tipo de universidad. No incluimos en los cálculos el coste de oportunidad de realizar estudios universitarios, ya que, aunque es algo superior en las universidades públicas, es de un orden similar para ambos tipos de universidades.

11 Calculado a partir de una vida laboral de 41 años, desde los 24 a los 65 años.

Globalmente, la rentabilidad (beneficios monetarios – coste matrícula) asociada a los estudios en un centro público es de 213.600 euros, mientras que el caso de las privadas es de 306.000 euros, con una diferencia de unos 92.600 euros. En consecuencia, el auge experimentado por las universidades privadas en los últimos años se asienta sobre una racionalidad económica, dado su mayor retorno financiero en comparación con los centros públicos.

Tabla 8. Retorno financiero de estudiar en una universidad no gubernamental

		Públicas	Privadas y de iniciativa social	Diferencia	Diferencia privada - pública (en euros)
Probabilidad mayor finalizar los estudios (1)	Tasa graduación	51,7%	62,5%	10,8%	
	Diferencia salarios universitarios / no universitarios (424.000 euros)	219.208	265.000		45.792
Tiempo transcurrido hasta empleo (2)		5,6	8,16	2,56	4.539
Salario mensual vida laboral (3)		1.673	1.821	148	72.816
Diferencia total ingresos asociados a universidad privada A= (1)+ (2) + (3)					123.147
Coste de los estudios		5.600	36.144		- 30.544
Retorno neto		213.608	306.211		92.603

Fuente: elaboración propia a partir de diversas fuentes

Rentabilidad social

Las personas que finalizan estudios universitarios generan importantes externalidades positivas, ventajas que benefician al conjunto de la economía, más allá de los retornos individuales que consiguen los egresados (Psacharopoulos y Patrinos 2018). Entre las ventajas monetarias cabe señalar en primer lugar los mayores impuestos directos e indirectos que pagarán los trabajadores universitarios. Además, dependiendo del tipo de estudios, existen ventajas asociadas a la capacidad de innovación tecnológica, lo que permitirá mejoras de productividad global. Existen a su vez ganancias relacionadas con el menor gasto público que suelen generar los universitarios, ya que se asocian con inferiores tasas de desempleo, de delincuencia y de drogodependencia, por lo que realizan una contribución neta al presupuesto de las Administraciones superior en comparación con personas con menor nivel formativo.

Es evidente que, en el caso de las universidades privadas españolas, la rentabilidad social que generan es extraordinaria, ya que, como se ha mostrado en los apartados anteriores, realizan una notable función docente que permite una óptima integración en el mercado laboral, al tiempo que el coste de los estudios es sufragado totalmente por las familias de los estudiantes.

En un escenario alternativo en el que no existieran universidades privadas, y las universidades públicas tuvieran que absorber el actual número de estudiantes en centros privados, el coste adicional que supondría para las Administraciones Públicas españolas sería de unos 1.435 millones de euros al año[12].

---

12   Asumiendo un coste medio por cada estudiante de 7.000 euros.

Reflexiones y propuestas para mejorar la eficiencia y la equidad del sistema universitario

5.1. Adecuación de los actuales precios de las universidades públicas

Desde el denominado Informe Brical (2000) y hasta nuestros días (Círculo de Empresarios 2007, Martí y Ródenas 2022), la comunidad académica ha recomendado incrementar los precios públicos de las universidades para que los estudiantes, especialmente los de niveles de rentas superiores, asuman un mayor coste de este servicio. Así mejoraría la equidad del sistema (ya que los hogares de bajo nivel de renta se benefician en mucha menor medida de esta partida de gasto público) y posiblemente la eficiencia (al tener que asumir un coste mayor, existen más incentivos de los estudiantes para matricularse sólo del número de créditos que vayan a poder aprobar, y no alargar en exceso el número de años para finalizar los estudios).

5.2 Potenciar la eficiencia y calidad de los centros públicos

Otro punto de consenso entre los estudiosos de la política educativa es que la actual regulación de las universidades es manifiestamente mejorable. Los problemas de fondo de las universidades públicas, que se llevan arrastrando desde hace décadas, pueden resumirse en (Círculo de Empresarios, 2007):

- Financiación insuficiente e ineficiente. Las bajas tasas van contra la propia razón de ser de este tipo de financiación (que pague quien hace uso del servicio). Por otra parte, el sistema de financiación pública de la universidad es ineficiente y poco equitativo, como se señaló anteriormente. Unas tasas muy reducidas subvencionan por igual para todos el acceso a la educación superior, sea cual sea su extracción socioeconómica, lo que choca frontalmente con el principio de la equidad.
- Aislamiento frente a la empresa. Muy escasa cooperación en materia de asesoramiento, investigación, formación continua y diseño de planes de estudio.
- Problemas de gobierno. El modelo de gestión universitaria en España se caracteriza por un sistema democrático y asambleario con muchos órganos directivos, lo que genera una pesada burocracia y limita la flexibilidad para adaptarse a necesidades cambiantes. Este marco no favorece una gestión eficiente y

moderna. Uno de los mayores problemas es el sistema de selección de gestores, quienes, en su mayoría, carecen de preparación para dirigir organizaciones complejas. Sus habilidades docentes o investigadoras no compensan estas carencias, y suelen enfrentar dificultades al tener que compatibilizar roles de gestión y representación de colectivos internos (como facultades o grupos de investigación), lo que complica la toma de decisiones.

En este contexto, resultaría adecuado que, junto a necesarias reformas a nivel estatal, desde las Administraciones regionales se promocionara mediante incentivos y la financiación adecuada un proceso de especialización de los centros, identificando y evaluando las funciones prioritarias[13] que pueden realizar en cada momento las distintas universidades (públicas o privadas), en consonancia con las demandas de las familias y las necesidades del sistema productivo (Sanz-Magallón et al. 2009). Esto se explica porque no todos los centros están en condiciones de contribuir a las posibles aportaciones por igual, ya que los incentivos y las capacidades pueden ser muy distintos según el tamaño de las universidades, la tradición y reputación adquirida, o las posibilidades de acceso a financiación pública.

Junto con lo anterior, cabe señalar que en otros países los Gobiernos han liberalizado el mercado universitario y fomentado una mayor competencia entre centros públicos y privados, lo que ha permitido potenciar la calidad y la eficiencia (Hussain y Khawaja, 2021).

5.3. Favorecer el acceso a las universidades privadas a estudiantes excelentes con medio/bajo nivel socioeconómico

En el apartado 2.2 se comprobó que las universidades privadas están al alcance de familias con niveles económicos relativamente elevados. En el apartado 3 y 4, por su parte, se mostraron las ventajas que ofrecen estos centros a sus estudiantes, en términos del servicio recibido y la mejor inserción laboral de sus egresados. Esta combinación, por lógica, produce una mayor disparidad en los niveles de renta de los hogares, ya que los padres con mayor capacidad económica pueden optar por enviar a sus hijos a estos centros, lo que potenciará en el futuro su éxito educativo e inserción laboral, en comparación con las familias de menor nivel económico. En este contexto, facilitar el acceso a los centros universitarios privados a estudiantes procedentes de hogares con niveles de renta medio/bajo puede ser un eficaz instrumento para potenciar la equidad del sistema universitario, fomentar la movilidad social y reducir las desigualdades de renta. De hecho, en la mayoría de los países de OCDE, las Administraciones destinan importantes recursos públicos para la financiación de

---

13   Las universidades pueden desempeñar muy distintas funciones en su región: además de cubrir la demanda de estudios superiores y cualificaciones, potenciar la innovación tecnológica, facilitar la inserción de los jóvenes en el mercado laboral, reforzar la competitividad de las empresas locales mediante acuerdos de cooperación, impulsar el espíritu empresarial entre los jóvenes y facilitar la creación empresas de base tecnológica, fomentar el desarrollo cultural en la región, etc.

universidades privadas, en promedio un 0,18% sobre el PIB, siendo España una excepción, con tan sólo el 0,02%, tal y como se muestra en el Gráfico 6.

Gráfico 6. Financiación pública de centros universitarios privados como porcentaje del PIB

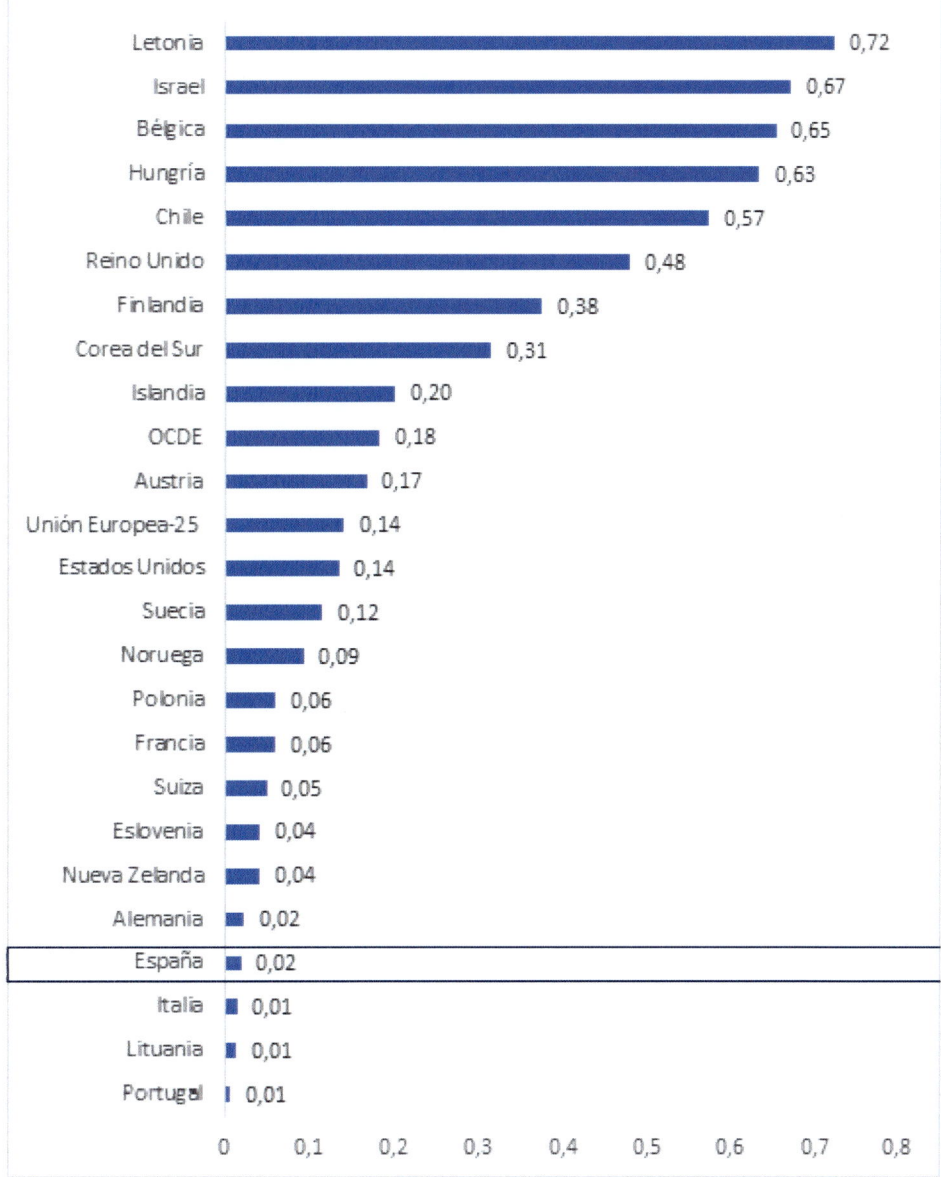

Nota: Se han excluido del gráfico Turquía, Dinamarca, Australia, Chequia, Estonia y República Eslovaca por presentar valores de 0.

Fuente: OCDE, *Education at a Glance.* Datos correspondientes a 2021

Opinión de los madrileños acerca de la financiación de las universidades

A la luz del diagnóstico realizado en los apartados anteriores, CEU-CEFAS realizó una encuesta a la población mayor de 18 años residente en la Comunidad de Madrid, para conocer el grado de acuerdo respecto a cuatro cuestiones principales que se han abordado en apartados anteriores:

- Subida de los precios de las universidades públicas.
- Subvención generalizada a las universidades privadas.
- Concesión de becas para cursar estudios en centro privados a estudiantes con bajo nivel socioeconómico.
- Concesión de becas para estudiantes excelentes.

Además, se investigó la opinión sobre las posibles consecuencias de la concesión de becas para universidades privadas:

- Mejora de la calidad de las universidades públicas ante la mayor competencia.
- Daría más oportunidades a estudiantes procedentes de familias con bajo nivel de renta.

6.1. Características de la encuesta

La encuesta fue dirigida y realizada por CEFAS-CEU a la población mayor de 18 años residente en la Comunidad de Madrid, mediante entrevistas personales en diversos municipios. Se utilizó un muestreo por conglomerados con el objetivo de conseguir una proporcionalidad de la muestra según edades, situación laboral e ideología política, tomando como referencia las estadísticas del INE, la información del último barómetro del CIS y los resultados de las elecciones a la Asamblea de Madrid celebradas el 28 de mayo de 2023.

El trabajo de campo se desarrolló durante el período mayo-julio de 2024, obteniéndose 556 respuestas, lo que implica un error muestral de +/-4,16% (asumiendo p=q=0,5 y un nivel de confianza del 95%). Las siguientes tablas muestran la composición de la muestra según características demográficas (sexo, nivel de estudios, grupo de edad) e ideología política.

Tabla 9. Composición de la muestra según sexo, grupo de edad y nivel de estudios

Sexo	N	%	Grupo de edad	N	%	Nivel de estudios	N	%
Varón	296	53,2	18-25	139	25,0%	Bachillerato o inferior	149	26,8
Mujer	260	46,8	26-45	147	26,4%	FP	83	14,9
			46-65	176	31,7%	Licenciado / graduado	209	37,6
Total	554	100	Más de 65	92	16,5%	Master / doctorado	113	20,3
			NS/NC	2	0,4%	Total	554	99,6
			Total	554	100,0%	NS/NC	2	0,4
							556	100

Fuente: CEU-CEFAS. Encuesta sobre financiación de universidades, 2024

Tabla 10. Composición de la muestra según ideología política

Ideología	N	Porcentaje
Extrema izquierda	10	1,8
Izquierda	111	20
Centro izquierda	53	9,5
Centro	70	12,6
Centro derecha	58	10,4
Derecha	128	23
Extrema derecha	23	4,1
No tengo ideología	58	10,4
Prefiero no decirlo	45	8,1
Total	556	100

Fuente: CEU-CEFAS. Encuesta sobre financiación de universidades, 2024

6.2. Opinión general sobre la financiación de las universidades

Para conocer la aceptación que en este momento tendrían distintas reformas del sistema de financiación de universidades se hicieron cuatro preguntas:

¿Qué opinión tienes sobre los siguientes aspectos relativos a la financiación de la educación en la Comunidad de Madrid?

1. *Respecto a las universidades públicas, ¿consideras que los estudiantes deberían pagar más y asumir en mayor medida el coste de sus estudios?*

2. *Respecto a las universidades privadas, ¿consideras que la Administración debería subvencionarlas para que el coste fuera similar al de las públicas?*

3. *¿Estarías de acuerdo en que la Administración financiara con becas que cubrieran el coste de los estudios a los alumnos/as de bajo nivel socioeconómico que opten por universidades privadas?*

4. *¿Y que la Administración financie con becas que cubran el coste de los estudios a los alumnos/as de las universidades privadas con excelente expediente académico?*

Los resultados obtenidos son concluyentes: tanto la propuesta de aumentar las tasas de las universidades públicas, como la subvención generalizada a las universidades privadas se rechazan: únicamente se muestran a favor el 18,5% y el 23,9% respectivamente (Ver Gráfico 7). Por el contrario, la propuesta de otorgar becas a estudiantes de bajo nivel socioeconómico y a estudiantes excelentes gozan de una amplia aceptación, al manifestarse a favor respectivamente el 67,9% y el 62%.

Gráfico 7. Opinión sobre distintas reformas en la financiación de las universidades

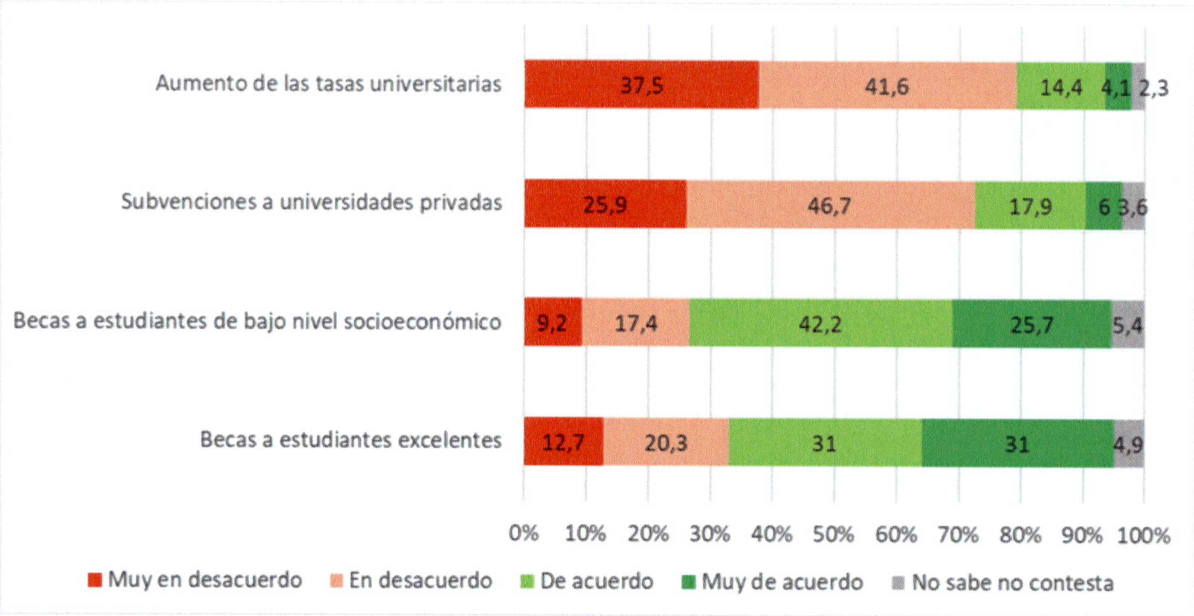

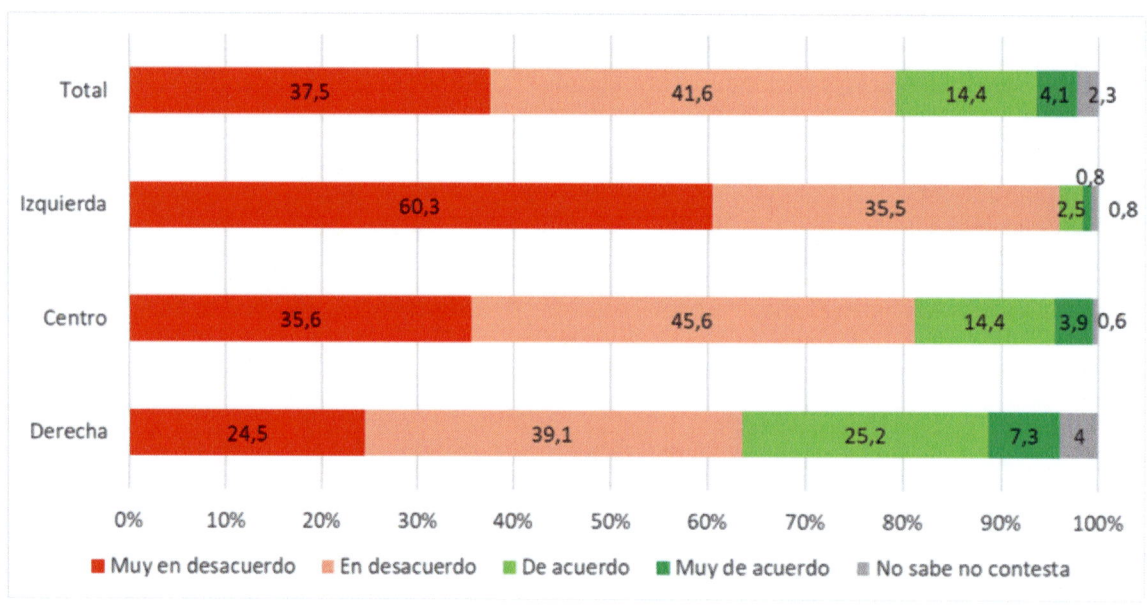

Fuente: CEU-CEFAS. Encuesta sobre financiación de universidades, 2024

Respecto al posible aumento de tasas universitarias, el mayor grado de acuerdo se observa ente las personas de derechas, si bien únicamente se manifiestan a favor algo más del 30% del total (Gráfico 8). En la misma línea, la idea de subvencionar de forma generalizada a las universidades privadas se acepta en mayor medida por personas conservadoras, aunque la aceptación es de tan sólo el 35% del total (Gráfico 9).

Gráfico 8. Opinión sobre el aumento de tasas universitarias según ideología política

Fuente: CEU-CEFAS. Encuesta sobre financiación de universidades, 2024

Gráfico 9. Opinión sobre la subvención a universidades privadas y de iniciativa social según ideología política

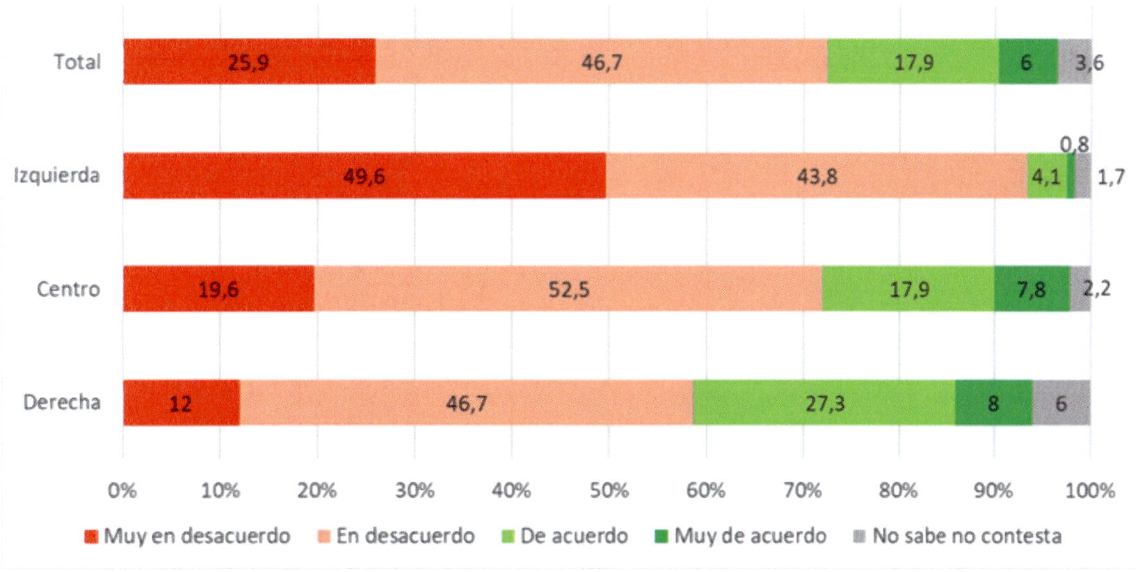

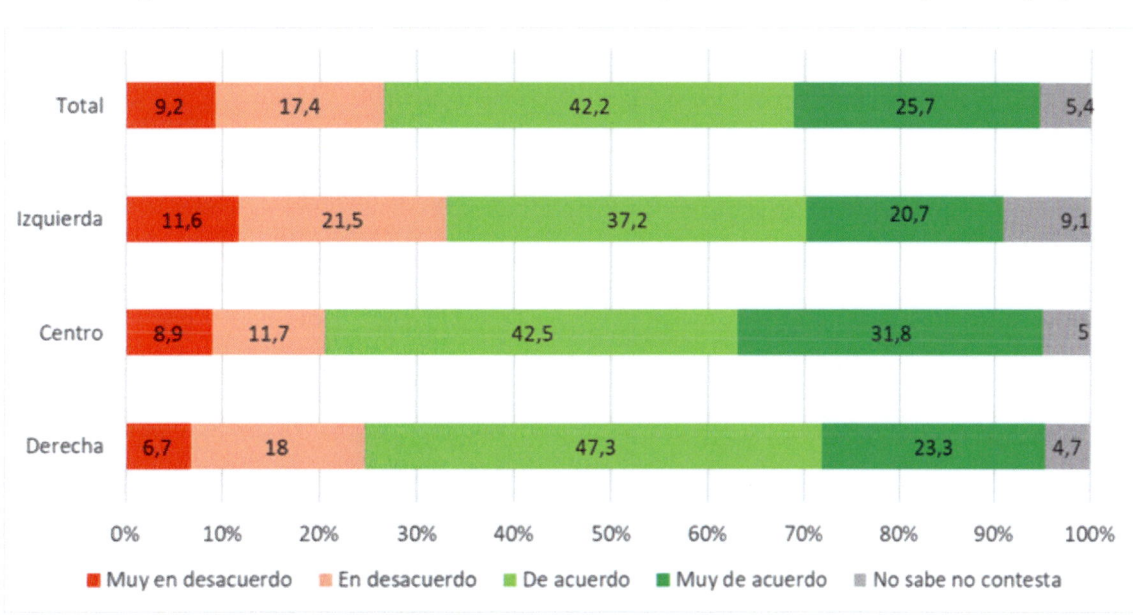

Fuente: CEU-CEFAS. Encuesta sobre financiación de universidades, 2024.

Por el contrario, las becas para cursar estudios en centros privados a estudiantes procedentes de familias de bajo nivel socioeconómico se aceptan tanto en las personas de izquierda (58%), centro (74%) y derecha (70%) (Gráfico 10). Finalmente, destinar fondos públicos para que alumnos excelentes acudan a universidades privadas tiende a rechazarse por las personas de izquierdas (62%), pero la aceptación es mayoritaria tanto entre votantes de centro (67%) como de derechas (79%) (Gráfico 11).

Gráfico 10. Opinión sobre la concesión de becas a estudiantes de bajo nivel socioeconómico según ideología política

Fuente: CEU-CEFAS. Encuesta sobre financiación de universidades, 2024

Gráfico 11. Opinión sobre la concesión de becas a estudiantes excelentes según ideología política

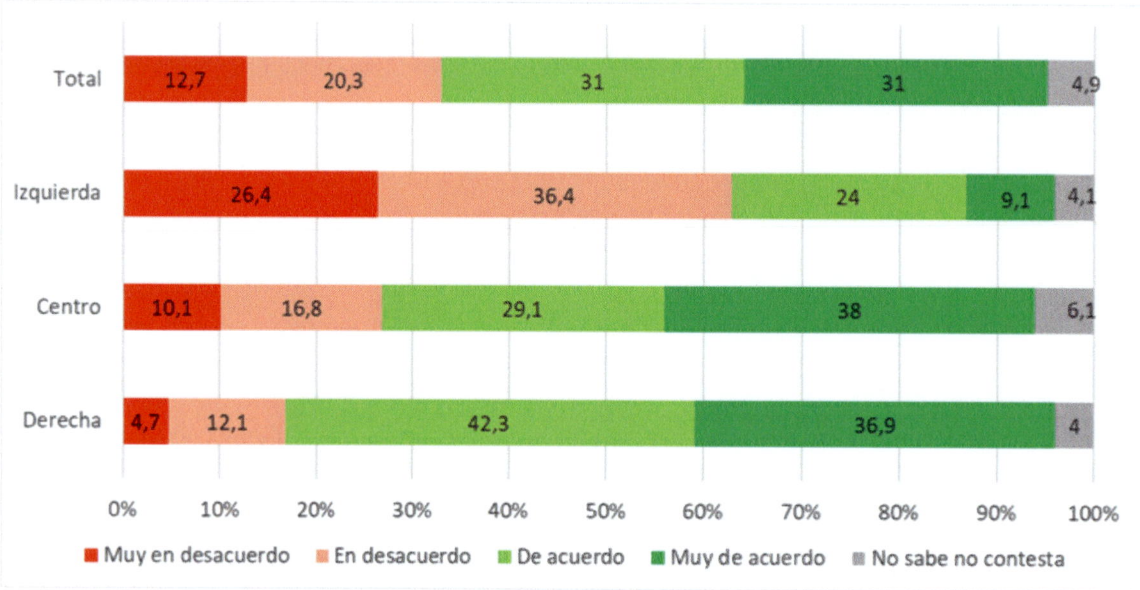

	Muy en desacuerdo	En desacuerdo	De acuerdo	Muy de acuerdo	No sabe no contesta
Total	12,7	20,3	31	31	4,9
Izquierda	26,4	36,4	24	9,1	4,1
Centro	10,1	16,8	29,1	38	6,1
Derecha	4,7	12,1	42,3	36,9	4

Fuente: CEU-CEFAS. Encuesta sobre financiación de universidades, 2024

6.3. Consecuencias si se reduce el coste de las universidades privadas y de iniciativa social

Con respecto a las posibles consecuencias de la reducción del coste se plantearon las siguientes preguntas:

¿Qué consecuencias crees que tendría si el coste de las universidades privadas se redujera hasta situarse en un nivel similar al de los centros públicos?

1. *Daría más oportunidades profesionales a familias de rentas bajas*

2. *Las universidades públicas mejorarían su oferta y el servicio que ofrecen para evitar el trasvase de estudiantes a los centros privados*

Sobre la primera pregunta, si bien los votantes de izquierdas están divididos a partes iguales entre la aceptación y el rechazo, en los casos de personas de centro y derecha la aceptación es mayoritaria, con porcentajes respectivos superiores del 70% y 78% (Gráfico 12). Finalmente, la idea de que las universidades públicas reaccionarían mejorando su oferta y calidad ante la mayor competencia procedente de centros privados es aceptada entre votantes de izquierdas (52%), centro (74%) y derechas (72%).

Gráfico 12. Opinión sobre consecuencias de las becas a estudiantes: daría más oportunidades a familias de rentas bajas

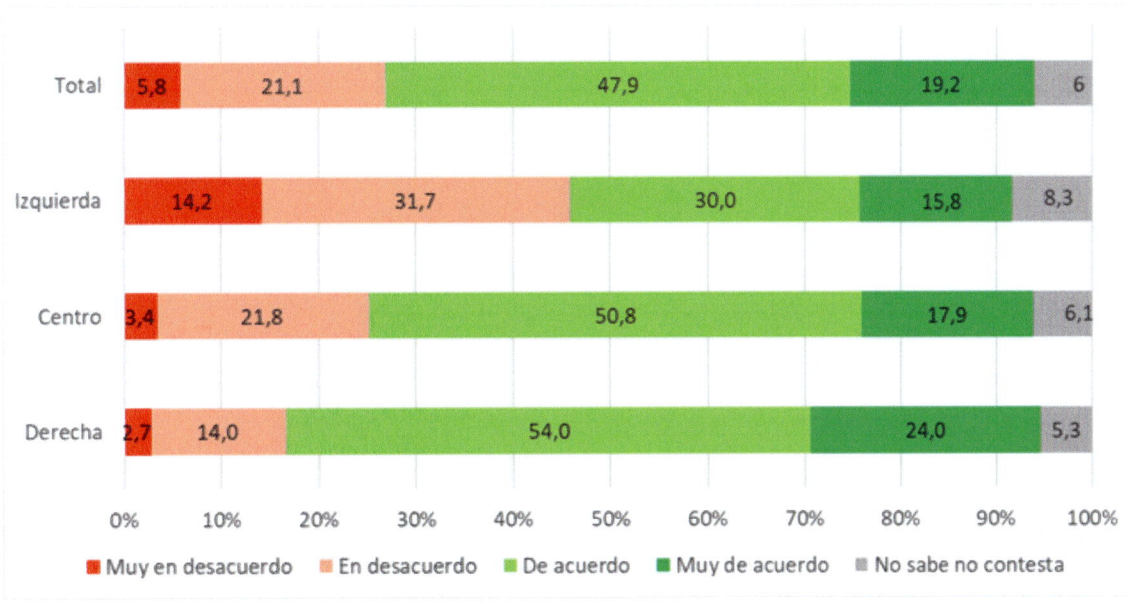

Fuente: CEU-CEFAS. Encuesta sobre financiación de universidades, 2024

Gráfico 13. Opinión sobre consecuencias de las becas a estudiantes: mejoraría la oferta y el servicio de las universidades públicas

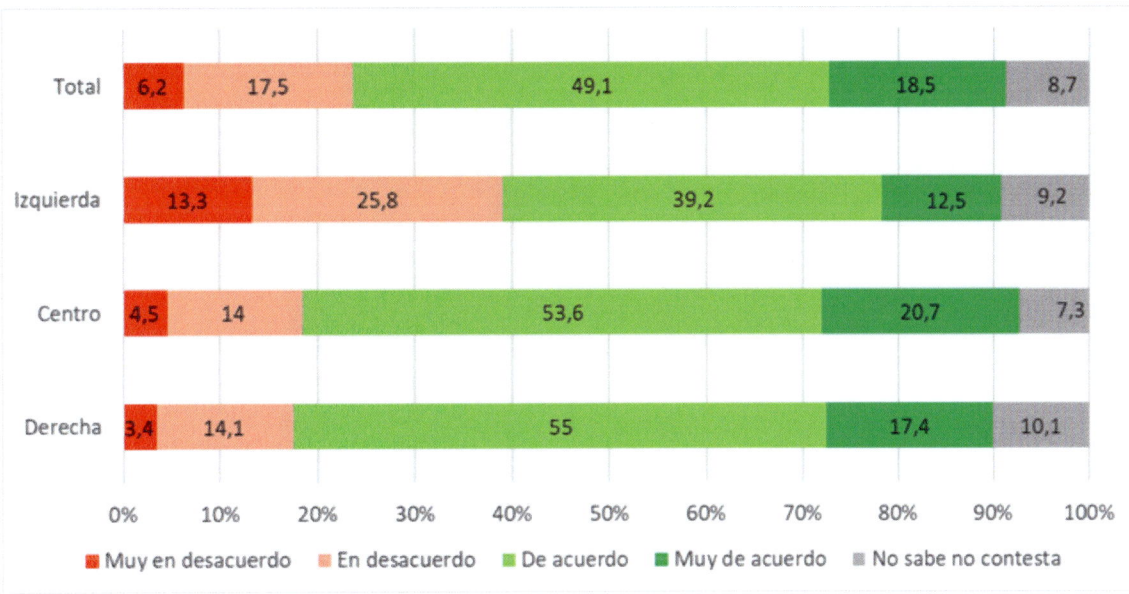

Conclusiones

El crecimiento de las universidades privadas y de iniciativa social en España ha sido significativo en los últimos años, consolidándose como una alternativa real a la educación pública. Como se ha comprobado en este estudio, este fenómeno ha estado impulsado por diversas razones, entre ellas la mejor calidad docente, una inserción laboral más favorable y una mayor eficiencia en la gestión.

Las universidades privadas han aliviado la carga financiera de las administraciones públicas al no requerir de subvenciones, lo que ha generado un ahorro considerable en gasto público, generándose a su vez una elevada rentabilidad social.

Desde el punto de vista de la demanda, el acceso a las universidades privadas sigue estando condicionado por el nivel socioeconómico de las familias, debido a los elevados costes de matrícula y la limitada oferta de becas en estos centros. Los datos muestran que inequívocamente los egresados de universidades privadas suelen disfrutar de mayores tasas de empleabilidad, mejores salarios y una mayor adecuación entre la formación recibida y el empleo obtenido, en comparación con los egresados de universidades públicas.

En términos de eficiencia, las universidades privadas han demostrado una mayor capacidad de adaptación a las demandas del mercado laboral, facilitando una formación más orientada a la inserción profesional. Asimismo, su menor dependencia de la financiación pública y su enfoque en la calidad del servicio educativo han generado incentivos para mejorar la atención al alumnado y la oferta académica.

No obstante, existen desafíos en términos de equidad. La actual estructura del sistema universitario puede perpetuar desigualdades socioeconómicas, ya que los estudiantes de familias con mayores recursos tienen más posibilidades de acceder a instituciones privadas y, por ende, a mejores oportunidades laborales. En este sentido, se plantea la posibilidad de implementar políticas públicas que favorezcan el acceso de estudiantes de excelentes o de bajos ingresos a universidades privadas mediante programas de becas, algo que cuenta con un amplio respaldo social según la encuesta realizada por CEU-CEFAS en la Comunidad de Madrid.

A modo de ejemplo, el coste de becar a 60.000 estudiantes con 9.000 euros al año supondría un gasto para la Administración regional de unos 540 millones de euros, una cantidad inferior a lo recaudado en 2023 de forma extraordinaria por el Impuesto de Solidaridad de Grandes Fortunas, por lo que financieramente resultaría perfectamente viable.

Es un grave error pretender potenciar la equidad en el sistema universitario español limitando los centros privados. La propuesta racional consiste en facilitar el acceso a estos centros a los estratos de población que no cuentan con medios financieros suficientes.e.

Anexos

Tabla 11. Estudiantes de grado según tipo de universidad por comunidades autónomas. Cursos 2011/12, 2022/23 y 2023/24

	2023-2024	2022-2023	Var. 22/23-23/24	Var en %	2011-2012	Var. 11/12-23/24	Var en %
España							
Total	1.159.717	1.135.820	23.897	2,1%	668.160		
Públicas	954.466	945.736	8.730	0,9%	585.381	369.085	63,1%
Privadas	205.251	190.084	15.167	8,0%	82.779	122.472	148,0%
Andalucía							
Total	205.206	202.742	2.464	1,2%	107.774		
Públicas	200.848	199.093	1.755	0,9%	107.774		
Privadas	4.358	3.649		19,4%	0	4.358	-
Aragón							
Total	29.619	29.236	383	1,3%	17.103		
Públicas	26.242	26.156		0,3%	15.692		
Privadas	3.377	3.080	297	9,6%	1.411	1.966	139,3%
Asturias							
Total	17.171	16.881		1,7%	11.248		
Públicas	17.171	16.881	290	1,7%	11.248		
Privadas	0	0	0	-	0	0	#¡DIV/0!
Baleares							
Total	11.731	11.815	-84	-0,7%	8.772		
Públicas	11.731	11.815	-84	-0,7%	8.772		
Privadas	0	0			0	0	#¡DIV/0!
Canarias							
Total	38.906	36.849	2.057	5,6%	21.988		
Públicas	33.309	31.877		4,5%	21.988		
Privadas	5.597	4.972	625	12,6%	0	5.597	#¡DIV/0!
Cantabria							
Total	10.931	10.704		2,1%	5.600		

Públicas	8.669	8.558	111	1,3%	5.600		
Privadas	2.262	2.146	116	5,4%	0	2.262	#¡DIV/0!
Castilla - La Mancha							
Total	23.625	23.153	472	2,0%	19.250		
Públicas	23.625	23.153	472	2,0%	19.250		
Privadas	0	0		-	0	0	#¡DIV/0!
Castilla y León							
Total	74.710	71.595	3.115	4,4%	42.903		
Públicas	56.120	55.063		1,9%	36.545		
Privadas	18.590	16.532	2.058	12,4%	6.358	12.232	192,4%
Cataluña							
Total	184.557	181.342		1,8%	118.977		
Públicas	152.407	150.735	1.672	1,1%	103.208		
Privadas	32.150	30.607	1.543	5,0%	15.769	16.381	103,9%
Comunidad Valenciana							
Total	129.246	125.927	3.319	2,6%	67.364		
Públicas	105.260	103.631	1.629	1,6%	57.800		
Privadas	23.986	22.296		7,6%	9.564	14.422	150,8%
Extremadura							
Total	16.925	17.021		-0,6%	13.205		
Públicas	16.925	17.021	-96	-0,6%	13.205		
Privadas	0	0	0	-	0	0	#¡DIV/0!
Galicia							
Total	49.190	49.610	-420	-0,8%	31.707		
Públicas	48.951	49.486	-535	-1,1%	31.707		
Privadas	239	124		92,7%	0	239	#¡DIV/0!
Madrid							
Total	251.453	244.233	7.220	3,0%	135.976		
Públicas	174.359	174.215		0,1%	105.795		
Privadas	77.094	70.018	7.076	10,1%	30.181	46.913	155,4%
Murcia							
Total	42.520	42.502		0,0%	29.283		

Públicas	30.652	30.418	234	0,8%	22.488		
Privadas	11.868	12.084	-216	-1,8%	6.795	5.073	74,7%
Navarra							
Total	18.148	17.647	501	2,8%	9.111		
Públicas	8.501	8.140	361	4,4%	3.537		
Privadas	9.647	9.507		1,5%	5.574	4.073	73,1%
País Vasco							
Total	52.078	51.004	1.074	2,1%	25.696		
Públicas	35.995	35.935		0,2%	18.569		
Privadas	16.083	15.069	1.014	6,7%	7.127	8.956	125,7%
La Rioja							
Total	3.701	3.559		4,0%	2.203		
Públicas	3.701	3.559	142	4,0%	2.203		
Privadas	0	0	0	-	0		

Tabla 12. Porcentaje de hogares que gastas más de 5.000 euros al año en estudios universitarios según nivel de ingresos

	Gasto de más de 5.000 euros en estudios universitarios		
Nivel ingresos:	No	Sí	Total
Menos 1.500 euros	139	0	139
% horizontal	100%	0%	100%
Entre 1.500 y menos de 3.000 euros	409	9	418
% horizontal	98%	2%	100%
De 3.000 a menos 7.000 euros	471	41	512
% horizontal	92%	8%	100%
7.000 o más euros	37	8	45
% horizontal	82%	18%	100%
Total	1.056	58	1.114
% horizontal	95%	5%	100%

Fuente: elaboración propia a partir de Encuesta de Presupuestos Familiares, microdatos, INE (2023).

Tabla 13. Carencias en la formación recibida y dificultad para encontrar un empleo, según tipo de universidad

		Nada importante	Poco importante	Bastante importante	Muy importante	NS/NC	
Universidad Pública	Recuento	3.841	4.784	3.328	2.873	666	15.492
	% horizontal	24,8%	30,9%	21,5%	18,5%	4,3%	100,0%
Universidad Privada	Recuento	550	415	256	230	77	1.528
	% horizontal	36,0%	27,2%	16,8%	15,1%	5,0%	100,0%
Total	Recuento	4.391	5.199	3.584	3.103	743	17.020
	% horizontal	25,8%	30,5%	21,1%	18,2%	4,4%	100,0%

Nota: Chi-cuadrado de Pearson = 99,76;

Fuente: INE, Encuesta de Inserción Laboral de Universitarios

Tabla 14. Porcentaje de universitarios empleados, desempleados e inactivos, según tipo de universidad y rama de conocimiento

	Universidad pública			Universidad privada			Diferencia Privada/pública		
	Trab.	Dese.	Inactivo	Trab.	Dese.	Inactivo	Trabajando	Desempleo	Inactivo
Artes y humanidades	75,4	12,2	12,5	85,4	11,2	3,4	13,3%	-7,9%	-73,0%
Ciencias	83,5	9,7	6,8	90,8	6,5	2,7	8,7%	-33,3%	-59,7%
Ciencias sociales y jurídicas	82,1	10,0	7,9	88,1	5,6	6,3	7,3%	-43,7%	-20,2%
Ingeniería y arquitectura	92,1	4,4	3,5	93,9	3,8	2,3	1,9%	-13,3%	-33,8%
Ciencias de la salud	91,1	4,8	4,2	93,6	3,3	3,2	2,7%	-31,8%	-23,3%
Total	85,1	8,2	6,7	90,4	4,9	4,8	6,1%	-40,4%	-28,6%

Fuente: elaboración propia a partir de INE, Encuesta de inserción laboral de titulados universitarios (2019)

Gráfico 14. Porcentaje de universitarios según tiempo transcurrió desde que finalizó sus estudios hasta que comenzó a trabajar

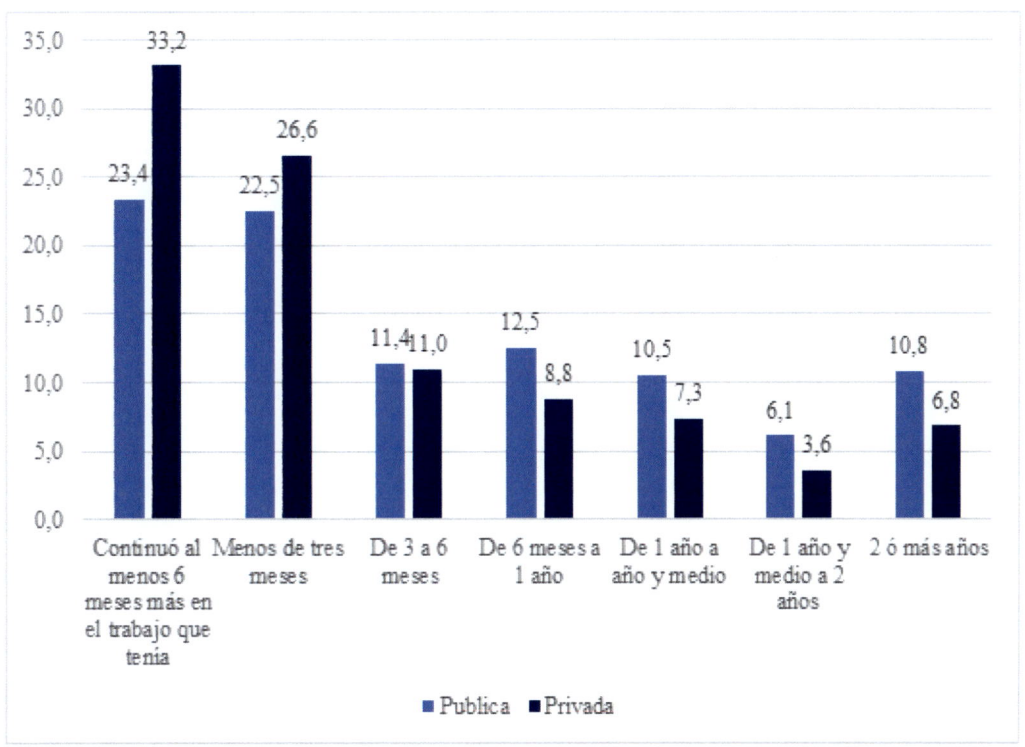

Gráfico 15. Porcentaje de universitarios que desde que finalizaron sus estudios hasta que comenzaron a trabajar transcurrieron menos de tres meses, según rama de conocimiento y tipo de universidad

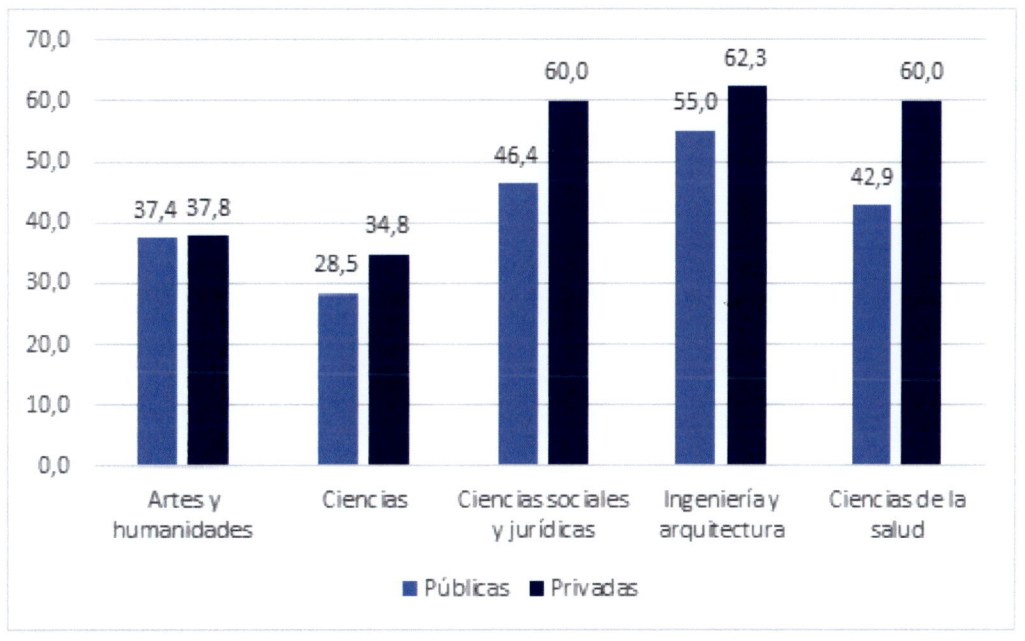

Gráfico 16. Porcentaje de universitarios que desde que finalizaron sus estudios hasta que comenzaron a trabajar transcurrieron dos o más años, según rama de conocimiento y tipo de universidad

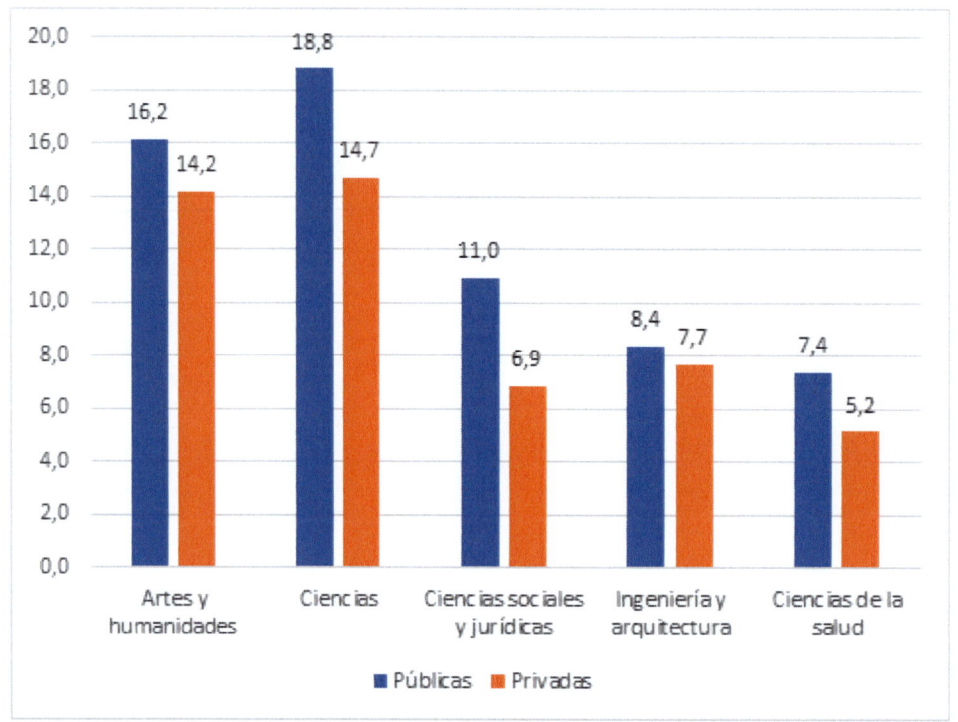

Fuente: elaboración propia a partir de INE, Encuesta de inserción laboral de titulados universitarios (2019)

Gráfico 17. Porcentajes de egresados según niveles salariales: comparativa según tipo de universidad

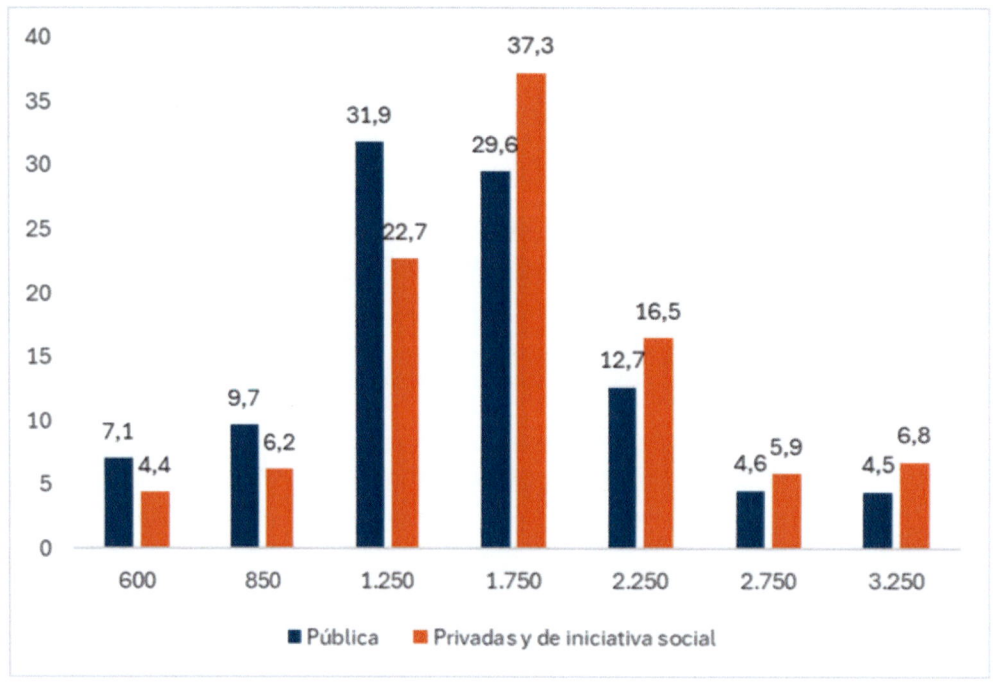

Tabla 15. Salario medio neto mensual según antigüedad en el empleo y tipo de universidad

	Universidad pública	Universidad privada	Diferencia	
			euros	%
Menos de 1 año	1.204,3	1.301,0	96,7	8,0%
Entre 1 y dos años	1.280,0	1.311,3	31,3	2,4%
Más de dos años	1.632,2	1.801,5	169,3	10,4%
Total	1.598,5	1.773,0	174,6	10,9%

Tabla 16. Salario medio neto mensual según tipo de universidad y nivel de estudios

	Universidad pública		Universidad privada		Diferencia	
	Promedio	Des. estándar	Promedio	Des. estándar	euros	%
Máster	1.605,7	635,5	1.785,8	656,6	180,1	**11,2%**
Doctorado	1.788,8	739,4	2.056,9	825,2	268,1	**15,0%**
Total	1.598,5	639,1	1.773,0	647,4	174,5	10,9%

Fuente: elaboración propia a partir de INE, Encuesta de inserción laboral de titulados universitarios (2019)

Tabla 17. Estimaciones de efectos sobre los salarios en cada rama de conocimiento

RAMA		Coeficientes no estandarizados		t
		B	Desv. Error	
Artes y humanidades	(Constante)	1491,483	7,294	204,467
	Varón	-47,174	11,607	-4,064
	Padres universitarios	118,802	14,431	8,232
	Privada	233,188	26,267	8,877
Ciencias	(Constante)	1482,156	7,67	193,253
	Varón	93,729	11,067	8,469
	Padres universitarios	66,797	13,095	5,101
	Privada	99,005	31,516	3,141

Ciencias sociales y jurídicas	(Constante)	1497,14	2,76	542,454
	Varón	169,831	4,129	41,127
	Padres universitarios	187,741	5,141	36,52
	Privada	214,428	5,24	40,925
Ingeniería y arquitectura	(Constante)	1765,162	6,154	286,824
	Varón	198,389	6,893	28,782
	Padres universitarios	125,891	7,515	16,752
	Privada	85,434	9,461	9,03
Ciencias de la salud	(Constante)	1752,826	5,147	340,538
	Varón	132,32	8,601	15,385
	Padres universitarios	224,951	8,896	25,288
	Privada	-33,883	9,611	-3,525

Tabla 18. Tipo de universidad en la que cursó estudios e ideología política

Ideología política		Tipo universidad		Total
		Universidad pública	Universidad privada	
Izquierda	Recuento	66	9	75
	% horizontal	88,0%	12,0%	100,0%
Centro	Recuento	87	44	131
	% horizontal	66,4%	33,6%	100,0%
Derecha	Recuento	51	56	107
	% horizontal	47,7%	52,3%	100,0%
No tengo ideología	Recuento	21	8	29
	% horizontal	72,4%	27,6%	100%
Prefiero no decirlo	Recuento	28	7	35
	% horizontal	80,0%	20,0%	1
Total	Recuento	253	124	377
	% horizontal	67,1%	32,9%	100%

Fuente: Encuesta CEU-CEFAS sobre financiación de universidades (2024)

Bibliografía

Baquero, J. y Ruesga, S. (2019): «Factores determinantes del éxito en la inserción laboral de los estudiantes universitarios: El caso de España», *Atlantic Review of Economics* (ARoEc), Vol. 2, Iss. 2, pp. 1-24

Círculo de Empresarios (2007): *Una universidad al servicio de la sociedad* (Madrid, Círculo de Empresarios).

DBK (2014): *Universidades privadas y escuelas de negocio*, 14ª Edición, Observatorio Sectorial, Informa SA.

DBK (2023): *Universidades privadas y escuelas de negocio*, 23ª Edición, Observatorio Sectorial, Informa SA.

Fundación Conocimiento y Desarrollo: *Informe CYD varios años.*

Fundación Conocimiento y Desarrollo (desconocido): *La universidad del futuro o el futuro de la universidad.*

Fundación BBVA (2023): *Estudio de la FBBVA sobre Universitarios en España*, Fundación BBVA. Recuperado de https://www.fbbva.es/wp-content/uploads/2023/09/Estudio-Universitarios-en-Espa%C3%B1a-2023-Fundaci%C3%B3n-BBVA.pdf

Heckman, J.; Locher L. y Todd (2006): «Earnings Functions, Rates of Return and Treatment Effects: The Mincer Equation and Beyond», en *Handbook of the Economics of Education*, Hanushek y Welch (Editores), North Holland.

Hussain, F. y Khawaja (2021): «The growth of private higher education: an overview in the context of liberalisation, privatisation and marketisation», *European Journal of Education Studies*, Vol.8, nº9.

Jiménez-García, J. R. (2020): «¿Y después de la universidad qué? Análisis de las transiciones del sistema educativo al empleo en España», *Revista Internacional de Sociología*, 78(3), https://doi.org/10.3989/ris.2020.78.3.18.133

INE (2020): Encuesta Inserción Laboral de Universitarios 2019.

Martí, M. y Ródenas, C. (2022): «La política de becas y precios públicos en el sistema universitario español, ¿es realmente eficaz?», *Revista de Educación,* 398 pp.135-160.

Ministerio de Universidades (2023): *Datos y cifras del Sistema Universitario Español. Publicación 2022-2023*.

Morales de Vega, M. E. (2012): «El impacto económico regional de las universidades. El caso de la comunidad de Madrid», Tesis Doctoral dirigida por G. Sanz-Magallón y Pedro Schwartz Girón, Universidad San Pablo-CEU.

Moreno (2014): «¿En los centros privados se inflan las calificaciones de los estudiantes?», *Revista de Educación*, 366 pp. 243-266.

OCDE (2024): *Education at a Glance 2024*, OCDE.

Rodríguez Pérez, J. C. (2022): «Efectos individuales de la enseñanza privada a largo plazo: una exploración con datos españoles», Tesis Doctoral dirigida por Julio Carabaña y María Fernández, Universidad Complutense de Madrid.

Psacharopoulos, G. y Patrinos, H. A. (2018): «Returns to investment in education: a decennial review of the global literature», *Education Economics*, 26(5).

Pérez García, F.; Aldás, J.; Peiró, J. M.; Serrano, L.; Miravalles, B.; Soler, A.; Zaera, I. (2018): *Itinerarios de inserción laboral y factores determinantes de la empleabilidad. Formación universitaria versus entorno*, Fundación BBVA.

Shah, M.; Nair, Ch.; y Bennett, L. (2013): «Factors influencing student choice to study at private higher education institutions», *Quality Assurance in Education*, Vol. 21 No. 4.

Sanz-Magallón, G.; Schwartz, P. y Morales, M. E. (2009): «Hacia la transformación económica de la universidad española. Propuestas para la mejora de la financiación de la enseñanza superior», *Revista Española de Pedagogía*, Vol. 67, 244.